Christy Whitman

# O JOVEM
# MARTIN LUTHER KING

NOVALEXANDRIA

4ª edição – São Paulo – 2015

© *Copyright*, 2005, Christy Whitman
2015 – 4ª edição, em conformidade com o novo Acordo Ortográfico

Todos os direitos reservados.
Editora Nova Alexandria
Av. Dom Pedro I, 840
01552-000   São Paulo   SP
Fone/fax: (11) 2215-6252
E-mail: novaalexandria@novaalexandria.com.br
Site: www.novaalexandria.com.br

*Preparação de originais e notas:* Roberto Cattani
*Revisão*: Rubens Nascimento, Nelson dos Reis, Alexandra Costa e Lilian do Amaral Nunes
*Revisão 3ª edição*: Juliana Messias
*Capa*: Valquiria Santos
*Editoração Eletrônica*: Eduardo Seiji Seki

Dados Internacionais de Catalogação na Publicação (CIP)
Angélica Ilacqua CRB-8/7057

---

Whitman, Christy
    O jovem Martin Luther King / Christy Whitman; tradução de Guca Domenico. – São Paulo : Editora Nova Alexandria, 2013.
    168 p.

    ISBN: 978-85-7492-380-2

    1. King, Martin Luther, 1929-1968 – Biografia   2. Domênico, Guga
I. Título

13-0689                                                       CDD 923.6

---

Índices para catálogo sistemático:
1. Biografia - King, Martin Luther, 1929-1968

# Sumário

**Memphis**
**1968** ............................................................. 7

**Atlanta**
**1944** ............................................................ 15

**Morehouse**
**1945** ............................................................ 51

**Crozer**
**1948** ............................................................ 85

**Boston**
**1951** ........................................................... 105

**Coretta & Rosa Parks**
**1953 • 1955** ............................................... 127

**Martin, o mártir** ........................................ 151

**Eu tenho um sonho** .................................. 157

# Memphis
## 1968

Jesse Jackson, Martin Luther King Jr. e Ralph Abernathy na sacada do Motel Lorraine, onde o líder negro seria assassinado.

Dia 3 de abril. Quarta-feira. Martin Luther King Jr. foi recepcionado por mais de 300 pessoas ao chegar a Memphis, Tennessee. Alguns eram apenas admiradores, mas a maior parte da multidão era de coletores de lixo, em greve por melhores condições de trabalho e aumento de salários. Como noventa por cento dos coletores de lixo eram negros, a greve passou a fazer parte da causa pelos direitos civis – o que justificava sua presença no Tennessee.

Martin Luther King Jr. estava de volta a Memphis, onde há pouco tempo havia liderado uma passeata que não acabara bem.

– Não é assim que devem ser conduzidas nossas ações – lamentou, em conversa com os líderes do movimento. – Nosso princípio é claro: *não violência*.[1] Tão simples de compreender.

– Mas dr. King... – um dos líderes justificou –, não fomos nós que começamos, foram os policiais infiltrados, à paisana, foram eles...

> **1 Guerreiros da paz**
>
> Embora presente em muitas religiões e filosofias, o princípio da *não violência* tem sua origem remota no Jainismo, religião fundada pelo profeta indiano Vaddhamana (599- 527 a.C.). Mais contemporaneamente, o "A-Himsa" (não violência) foi adotado por Mohandas 'Mahatma' (grande alma) Gandhi (1869-1948) e por ele aplicado pela primeira vez à política, na luta pela expulsão dos colonialistas ingleses da Índia. Ghandi e a não violência inspiraram profundamente a trajetória de Martin Luther King Jr.

## 2 Organizando-se para lutar

A SCLC (Southern Christian Leadership Conference) havia sido fundada por Martin Luther King Jr. e outros líderes negros em 1957, para apoiar em nível nacional as organizações locais que lutavam pela igualdade de direitos dos negros norte-americanos, especialmente no Sul dos Estados Unidos, onde o racismo era mais forte. A SCLC teve um papel decisivo na Marcha para os Direitos Civis sobre Washington, em 1963, e na campanha para a aprovação do *Ato dos Direitos Civis* (1964), que representou o maior sucesso na luta contra a discriminação racial e política nos Estados Unidos.

– E no meio da multidão eu vi os jovens ativistas do Movimento Nacionalista Negro – disse um outro. – Os garotos reagiram à violência policial.

Depois do incidente, ele voltou a Atlanta e reuniu-se com os membros da Conferência da Liderança Cristã do Sul (SCLC).[2] Estava deprimido, pensando em desistir, mas um pensamento o socorreu: "Não é hora de desistir. Nada pode ser mais trágico do que desistir a essa altura".

– Dr. King, desta vez nossos homens estão alertas, não reagiremos às provocações – disse-lhe um dos diretores do sindicato ao recepcioná-lo. – Se nos agredirem, ofereceremos a outra face, como o senhor tem ensinado. Fique tranquilo.

Dia 4 de abril. Quinta-feira.

O reverendo Ralph Abernathy chegou para a reunião trazendo os jornais do dia e mostrou a manchete:

– Olhe só, dr. King, como a imprensa branca procura levantar questões para nos embaraçar. Preste atenção neste trecho: "... desta vez, o pastor Martin Luther King Jr. hospedou-se no Motel Lorraine, de propriedade de um negro, ao contrário da vez passada, quando ficou num hotel pertencente a um branco, que ele e seus colegas criticam...". Que veneno, hein!

O quarto 306 do Motel Lorraine foi o local das muitas reuniões que aconteceram durante todo o dia para preparar a passeata e também para reforçar a ideia de que o movimento deveria ser pacífico, pois a América estava de olho neles. Qualquer deslize seria usado como justificativa: "Os negros querem tomar o poder à força".

No final do dia, extenuado, Martin Luther King Jr. tomou um banho e se aprontou para o jantar, com seu traje público de sempre – terno preto, gravata e camisa branca. O anfitrião daquela noite seria o reverendo Kyles.

Apoiou-se na grade da sacada do quarto, viu um dos assistentes no saguão, pediu que esperasse por ele.

Eram 6 da tarde.

O sol enviava seus últimos raios, a lua se preparava para iluminar a noite, trazendo as estrelas como companhia. Martin Luther King Jr. mirou o horizonte. Respirou profundamente e agradeceu a Deus por sua missão.

Simulação da visão do assassino de Martin Luther King Jr. na hora do crime.

## Memphis, 1968

Como num filme, assistiu à sua vida de trás para frente: lembrou-se dos momentos bons e ruins que tinha vivido, dos jantares animados com a família, dos amigos queridos, da escola, do velho carvalho no quintal vizinho, da Igreja Batista de Ebenezer, onde no coro destacava-se sua voz diáfana e aguda...

Nesse instante, Martin Luther King Jr. viu um homem, à distância. Olhou em seus olhos e viu ódio. A lembrança do som agudo de sua voz de criança transformou-se no disparo de um rifle. Ele sentiu a bala vindo em sua direção e entrando em sua carne. Não houve tempo para reagir.

Ralph Abernathy correu até o quarto e o encontrou caído. Ajoelhou-se ao seu lado e tentou falar com ele, queria ouvir a sua voz dizendo que estava ferido mas que sobreviveria, mas as palavras o haviam abandonado para sempre.

Manchetes da imprensa norte-americana sobre o assassinato de Martin Luther King Jr.

Em seu semblante havia uma surpreendente paz, típica dos homens que saem da vida certos de terem cumprido sua missão.

Segurando Martin Luther King Jr. em seus braços, o reverendo chorou como uma criança, e disse ao velho amigo:

– Você está livre... Afinal, você está livre!

*Enterro de Martin Luther King Jr.*

Atlanta
1944

Em pé: os pais e a avó do líder negro. Sentados: os irmãos Alfred, Martin e Christine.

# 1

Martin estava na esquina da Auburn Avenue esperando o sinal de pedestres abrir. Uma jovem, loira, olhos verdes, parou ao seu lado. O garoto Martin, então com 15 anos, olhou para ela e sorriu. Estava feliz, sem motivo aparente; a simples luminosidade do dia o deixava alegre.

– Julie, ele é preto, não sorria para ele – falou o irmão da garota.

Ela não se importou com a advertência e retribuiu o sorriso.

– Se a mamãe souber que você sorri para pretos... – ele disse.

– A mamãe não precisa saber. Ou você vai contar, seu bebê chorão? – respondeu a jovem rispidamente. – E ela também não precisa saber que você está fumando com seus colegas, precisa, John?

– Ele é preto, Julie... – repetiu o menino.

O sinal de pedestres ficou verde, Martin esperou os dois atravessarem. Julie virou a cabeça para trás; estava linda de vestido verde, combinando com os olhos.

Martin distraiu-se e nem notou o sinal fechar novamente. Continuou olhando para Julie e John, os irmãos brancos que o destino colocou ao seu lado num dia ensolarado. Recostou-se na placa de trânsito. Conforme eles se afastavam, ficavam cada vez menores. Enquanto os dois irmãos

## Atlanta, 1944

desapareciam de sua vista, Martin lembrou-se de uma lição da escola dominical:

> Ama os seus inimigos e ora pelos que lhe perseguem, e desse modo você se tornará filho do Pai que está no céu, porque Ele faz nascer o sol igualmente para justos e injustos. Se você ama apenas os que lhe amam, que recompensa terá?

Não sentiu raiva do garoto, mas compaixão. O grande mal do mundo, causador de todo sofrimento, atende por este nome: ignorância.

*A casa dos King em Atlanta.*

Um velho ônibus circular parou à sua frente para o embarque de um casal de idosos. Julie e John deixaram de fazer parte de seus pensamentos.

Martin olhou para o ônibus amarelo e notou que os negros iam no fundo. A lei era assim em Atlanta: negros davam lugar aos brancos e viajavam nos bancos de trás. Martin não se conteve, sentiu ódio. Da situação, não dos brancos.

Essa lei não é justa e pode ser revogada, sonhou.

Lembrou-se do sermão de seu pai no culto dominical, interpretando uma parábola de Jesus que dizia que "a lei foi feita para os homens, e não os homens para a lei".

Lutaria pela justiça – tomou essa decisão. E atravessou a rua.

# 2

A dois quarteirões de casa encontrou dois amigos: Jesse e Larry.
– Olha aí o nosso reverendo – Larry falou para chatear Martin.
– Reverendo Martin é o meu pai. Sou apenas o Martin.
– Então, Martin, alguma novidade? – quis saber Jesse.
– Tudo certo, amigo.
– Então não mudou nada – brincou Larry. – Você é conformado com as coisas – provocou.

Martin não se abalou:
– Conformado? Eu apenas escolho as boas causas. Se vejo que é possível mudar, não desisto enquanto não consigo. Mas se não tem jeito, espero uma outra hora. Isso é ser conformado? O que você pensa, Jesse?

## Atlanta, 1944

– Você está certo, irmão. Dar murro em ponta de faca não é sinal de inteligência. Esperar a hora de agir: isso sim é sabedoria.
– Esperar, esperar... Eu estou cansado de ver tanta injustiça no mundo – asseverou Larry.
– Você ainda é novo – Martin contemporizou. – Vai ver muita injustiça ainda.
– Enquanto houver injustiça vou lutar – bradou Larry.
– Eu também – Martin respondeu convicto, porém sereno.
– Larry, aprenda com o nosso amigo: firmeza não quer dizer grosseria – falou Jesse. – E também doçura não significa fragilidade, não é Martin?
– Certo, Jesse.

Larry, mais explosivo, reagiu:
– Às vezes eu acho que a gente deveria usar as mesmas armas dos brancos: olho por olho, dente por dente...
– E em que você estaria sendo diferente deles? – atalhou Martin.
– ...eles sentiriam na própria pele o que fazem com a gente! – Larry completou.

Jesse sentiu um impulso de contestá-lo, mas se conteve e perguntou a Martin:
– Ei, irmão, o que você tem pra gente nessa situação?

Martin chegou mais perto, colocou as mãos nos ombros de Larry e Jesse, e disse:
– A regra de ouro é: tudo aquilo que você quer que as pessoas façam a você, faça você a elas.
– Mas, mas... – Larry tentou reagir. – Eu não agrido os brancos.
– Tem certeza? – Martin duvidou. – Nem em pensamento? Você os perdoa pelas inúmeras vezes que lhes fazem o mal?
– Você está propondo que a gente se comporte como cordeiros... – Larry reclamou, tirando as mãos de Martin dos ombros.
– Pelo contrário, é preciso lutar pela justiça. Mas da maneira certa.

— E como a gente vai saber qual é a maneira certa? — Jesse quis saber.
— Ouvindo — disse Martin.
— Ouvindo? — retrucou Larry.
— Sim. Ouvindo a voz da razão.
— A minha razão diz que é olho por olho... Martin não deixou Larry repetir a mesma frase secular.
— É a sua paixão que está dizendo isso. A paixão é cega. A razão é inteligente.
Jesse sorriu, satisfeito. Martin era um professor de conduta. Pondo fim à discussão, abraçou os dois amigos e propôs que tomassem um sorvete para esfriar os ânimos.
— Eu vou, mas não vou esfriar coisíssima nenhuma — esbravejou o rabugento Larry.
— Ok, mas tome cuidado para não queimar os cabelos com essas ideias incendiárias — brincou Martin.

# 3

Os três chegaram à sorveteria. Havia uma pequena fila: duas senhoras de aproximadamente 60 anos, um homem aparentando 30 anos, todos brancos. O dono da sorveteria era branco, o funcionário que os atendia era negro.

Entraram na fila e, enquanto discutiam se comprariam duas ou três bolas, se misturariam ou não os sabores, entrou um rapaz branco.

Atlanta, 1944

### 3. A terrível Ku Klux Klan

A segregação racial nos Estados Unidos manteve-se apesar da Guerra Civil que aboliu a escravidão. Ela foi formalizada ao longo dos séculos nas chamadas "leis de Jim Crow", a primeira sendo promulgada em 1723 na Virgínia, e permaneceu informalmente em vigor até o *Ato dos Direitos Civis* de 1964. Brancos e negros deviam usar escolas, meios de transporte, assentos e banheiros separados, e eram proibidos de namorar ou casar. Os negros eram impedidos, mais do que oficialmente proibidos, de votar e de participar de muitas atividades sociais.

Nos estados do Sul dos Estados Unidos, a segregação racial era garantida e aplicada pela "good ol' boys network", uma espécie de Máfia racista, conservadora e fundamentalista (protestante), e especialmente pela Ku Klux Klan.

A KKK, como era conhecida a sociedade secreta mais poderosa do Sul dos Estados Unidos, usava a violência e a intimidação para opor-se a qualquer concessão de direitos aos negros, aos judeus, a qualquer grupo racial não branco, bem como aos católicos, aos homossexuais e aos militantes políticos de esquerda. Calcula-se que a Ku Klux Klan possa ter linchado, ou matado, através de várias formas de tortura, pelo menos 50 mil pessoas nos últimos dois séculos.

As duas senhoras e o homem já tinham sido atendidos; o funcionário da sorveteria perguntou, então, qual era o pedido dos três amigos, mas o rapaz se adiantou:

– Primeiro os brancos![3] Uma bola de baunilha. Rápido!

Larry fuzilou-o com os olhos, e Martin percebeu que se não fizesse alguma coisa, o amigo acabaria arrumando confusão.

– Certo – e Martin dirigiu-se ao dono da sorveteria. – Se o senhor permitir que isso aconteça, pode vender o sorvete para ele, nós procuraremos uma sorveteria onde prevaleça a justiça – e ameaçou sair.

– Um momento – interveio o dono. – Tenha calma, meu jovem, eles chegaram antes de você.

Ku Klux Klan

– Mas eu sou branco! – retrucou o rapaz.
– Eu também sou. E tenho educação. Atenda os três – disse ao funcionário, que abriu um sorriso de satisfação.
Larry armou uma pose de vitorioso e brincou:
– Chocolate, chocolate e chocolate, nessa ordem.
– Para mim também – concordou Jesse.
– Para mim é baunilha, baunilha e baunilha – pediu Martin, só para chatear.
Saíram lambendo os sorvetes, que derretiam rapidamente naquela temperatura. Foram, então, para uma praça, olhar o movimento.
– Que lição, hein, Larry? Aprendeu? Sem violência, só com a razão.
Martin deu uma lambidela no sorvete e explicou:
– Razões econômicas costumam ser mais eficientes que as raciais. Se o dono da sorveteria optasse por vender uma bola em vez de nove, estaria decretando a sua burrice. O que você acha, Larry?
– Acho que chocolate é bem mais gostoso que baunilha – e deu uma gargalhada.

Em bares e restaurantes, os negros não podiam sentar-se às mesas, sendo atendidos nos balcões. Muitos estabelecimentos sequer aceitavam a presença de negros.

Atlanta, 1944

# 4

Larry, Jesse e Martin sentaram-se no banco da praça, esperando as garotas que saíam da escola naquele horário. Dos três, Martin era o menos bonito, mas o mais cobiçado por elas.
– Esse cara tem uma lábia... Não sobra nada pra gente – reclamou Larry.
– Ei, calma. Ele não pode ficar com todas, e se a gente ficar ao lado dele, alguma coisa vai sobrar – Jesse se divertiu.
– Imagina se o cara ficar famoso como os músicos de jazz, aí é que a gente tá enrascado – acrescentou Larry.
– Eu acho que ele vai ficar – palpitou Jesse.
– E se ficar milionário, então? Nossa! Todas as garotas da Geórgia implorando: Martin, aqui, aqui! Olha pra mim, por favor! Martin, Martin, ei, Martin, olha como sou bonitinha... – Larry jogou mais lenha na fogueira.
Apesar da provocação, Martin não se alterou. Sabia que os amigos falavam aquilo para ver sua reação. E ele reagia com calma, sossegado:
– Vocês estão enganados. Duas vezes enganados. Primeiro porque eu não estou com esse cartaz todo, definitivamente, não estou mesmo. Em segundo lugar, acho que está mais do que na hora de vocês entenderem que as garotas não estão atrás de alguém com fama e fortuna, porque isso pode acabar. Elas querem conteúdo!
– Falou a enciclopédia! – Larry retrucou.
– Não é esse tipo de conteúdo, Larry – atalhou Martin.
– Erudição é diferente de conhecimento. Você pode decorar todos os livros de uma biblioteca e ainda assim continuar sendo um verdadeiro idiota, um repetidor, um tagarela, entende?

– Explica isso – pediu o amigo.
– É o seguinte: conhecer sem praticar é nulo, a gente não pode viver teoricamente. Por exemplo, no Evangelho...
Larry interrompeu:
– Lá vem o pastor Martin Luther King Jr. com o sermão em praça pública!
– Tudo bem, não está mais aqui quem falou. Não estou querendo arrebanhar você, Larry.
– Continua, Martin. Na boa...
– No Evangelho tem uma passagem que explica bem esse meu sucesso ao qual vocês se referem – falou Martin. – A gente tem que "juntar tesouros do céu, que a traça não come", em vez de juntar riquezas materiais.
– Quer dizer que Jesus manda a gente ficar na dureza? Não contem comigo! – protestou o afobado Larry.
Até Jesse não se conteve:
– Mas que sujeito mais ao pé da letra!
Martin retomou a explicação:
– Não é nada disso, imagine se eu seguiria um ensinamento insensato assim. "Os tesouros do céu" são as nossas virtudes, as melhores capacidades, porque estas não podem ser tiradas da gente. Dinheiro, carro, essas coisas, podemos perder, né?
– Deus me livre! – gritou Larry.
– A vida é cheia de surpresas. Se a gente perde o dinheiro, mas não perde a fé, a coragem, a esperança, a vontade – que são os "tesouros" a que estava me referindo -, podemos reconquistar tudo novamente, com trabalho e perseverança.
– Determinação é "tesouro do céu", profeta Martin? – brincou Larry.
– É um grande tesouro – ele respondeu.
– Então eu sou rico, irmão. Eu encasquetei que o meu pai tinha que me dar um saxofone, falei, falei e falei na orelha dele, até que um dia ele cedeu e comprou.
– Isso não é determinação – protestou Jesse. – Isso é chateação, bater na mesma tecla, "água mole em pedra dura...".
Martin ficou quieto, ouvindo.

25

— E inveja, profeta? Inveja é um "prejuízo do céu", não é mesmo? — disse Larry, olhando para Jesse. — Conheço um cara que está devendo os olhos da cara...

— Inveja... eu? Rá... aquele saxofone é um traste — provocou Jesse.

— Mas é meu — Larry retrucou.

— É seu, mas é gago.

— Gago? Como assim? Você está insinuando que eu não sei tocar?

Jesse adorava deixar Larry fora de si.

— Não estou insinuando, mas afirmando. Você tocando saxofone é pior que um bezerro pedindo a teta da vaca pra mamar.

Martin interrompeu a discussão por uma causa justa:

— Calma, crianças. Não olhem agora, mas aquela que vem vindo lá não é a Mary?

— A própria — respondeu Larry. — Estou pensando em convidar essa gracinha pra me ouvir tocar saxofone, o que vocês acham?

— Pense direito — disse Jesse. — Suas chances podem ser liquidadas no primeiro sopro.

— Dane-se! — Larry foi até a garota, convicto.

Assim que Mary percebeu o movimento de Larry, apressou-se em desviar o caminho, mas ele não desistiu e encontrou-a diante do chafariz. Martin e Jesse ficaram observando a reação do rosto de Mary para ver se as palavras de Larry tinham efeito positivo. Mary sorriu, tímida. Acenou a cabeça positivamente. Larry gesticulou, fez um movimento parecido com o de um músico tocando. Mary sorriu mais ainda. Despediram-se. Larry voltou eufórico. Jesse estava curioso:

— Então?

— Positivo — disse Larry.

— Positivo o quê? — indagou Martin.

Larry armou uma pose de galã, misterioso:

— Vamos nos encontrar mais tarde. E nem falei que toco saxofone, hein! Imaginem quando eu contar...

– E o que você falou, Larry? – Jesse estava ansioso.
– Eu disse... Bem... Olhei assim no fundo dos olhos dela e disse: Mary... você é um "tesouro do céu".
Martin quase caiu do banco:
– Não acredito!
– Pois pode acreditar. Daqui a pouco o seu amigo Larry vai conhecer as virtudes e qualidades de Mary. E uma última pergunta, profeta: ousadia é "tesouro do céu"?
– Um dos mais valiosos – refletiu Martin.

# 5

Martin chegou em casa e encontrou Alberta, sua mãe, eufórica.
– Martin, você foi admitido, você foi admitido, meu filho!
Deu-lhe um abraço e um beijo caloroso e disse que estava muito orgulhosa dele.
– Admitido onde, mamãe? – perguntou Martin, sem saber do que tratava a tal admissão.
– Ora, seu cabeça de vento! Esqueceu do Morehouse College?
– O quê?! – Martin entendeu e não se conteve. – No Morehouse College? Fui admitido no Morehouse! Fui admitido no Morehouse! Hip hip hurra! Hip hip hurra! É muita sorte, hein, dona Alberta? Muita sorte, não é mesmo?
– Sorte não, filho. Capacidade. O que contou para sua admissão foi o seu excelente desempenho intelectual. Disseram que nunca viram um garoto de 15 anos tão inteligente.

Atlanta, 1944

*O reverendo King e dona Alberta.*

    Sua irmã Christine chegou da escola e quis saber o motivo daquela festa, então sua mãe contou que Martin havia sido admitido para o bacharelado em Sociologia antes mesmo de terminar os estudos secundários, mas Christine não ficou tão empolgada quanto os dois. Martin olhou para Alberta como se procurasse uma resposta para aquela aparente frieza. Christine colocou os cadernos sobre a mesa, puxou a cadeira e perguntou:
    – Desta vez vão tirá-lo também?
    Martin mudou a fisionomia; o sorriso foi trocado por um semblante magoado, o mesmo de dez anos atrás. Alberta abraçou-o e garantiu que desta vez seria diferente.
    Quando Christine completou seis anos, seus pais a matricularam na Yonge Street Elementary School. Martin, um ano mais novo, insistiu com Alberta, garantiu que tinha capacidade de frequentar a escola, sabia até ler placas de rua (especialmente as que diziam "somente para brancos"). Seus pais, então, cederam e o matricularam também.

Já frequentava a escola havia seis meses quando falou com os colegas sobre sua festa de aniversário, e ao dizer "meu bolo tinha cinco velas", a professora ouviu. Foi o fim do ano letivo para Martin, que teve de esperar meio ano para voltar a frequentar as aulas. No ano letivo seguinte, Martin foi matriculado na David T. Howard Elementary School.

– Desta vez não estamos fazendo nada escondido, gente! – garantiu Alberta. – E Martin foi admitido por sua grande capacidade, portanto, vamos parar com esse sofrimento desnecessário e festejar!

Christine olhou para o irmão, buscando uma confirmação de tranquilidade em seu olhar.

– Agora é diferente, Chris... – balbuciou Martin.

– É... acho que não tem perigo – a irmã confirmou. – Então vamos comemorar! Viva o meu irmão! O geniozinho Martin! – gritou, batendo as duas mãos na mesa.

– Não chateia, Chris – retrucou Martin, que não gostava quando o chamavam de gênio.

– Te adoro, te adoro, te adoro! – disse Chris, e segurou Martin pelas bochechas, que era pior que chamá-lo de gênio.

A data era especial, nem isso o chatearia. Abraçou Alberta e Christine e os três começaram a dançar pela sala. Quando o irmão caçula de Martin, Alfred, entrou em casa e viu aquela festa, juntou-se a eles e começou a dançar também.

Risos, gritos, comemorações, danças. O reverendo King chegou logo em seguida, arremessou o chapéu sobre o sofá e percebeu que havia uma boa notícia em sua casa, e que ele era o último a saber. Alfred correu em sua direção.

– Então, filho, qual é o motivo da comemoração?

Alfred congelou o sorriso, olhou para a mãe e os irmãos, que dançavam como se estivessem em meio ao ritual de uma tribo, encarou o reverendo King e falou:

– Ainda não me contaram, mas já estou comemorando que é pra não perder tempo.

O reverendo, bem-humorado, respondeu:

– Então não vamos perder tempo – e foi para a roda da alegria.

29

Atlanta, 1944

# 6

Naquela noite, depois do jantar, a família King reuniu-se em volta do rádio para ouvir o noticiário sobre a guerra. O exército alemão, comandado por Adolf Hitler, havia perdido 300 mil homens na União Soviética, diante da contraofensiva do exército soviético, e isso era motivo de comemoração, afinal, a batalha parecia estar próxima do fim.

– Luta insana – declarou o reverendo King, num tom grave.

– Papai, o senhor acha que com a queda de Mussolini a guerra aproxima-se do fim? – perguntou Christine. – Ele era um importante aliado de Hitler, não é mesmo?

– Espero que sim, minha filha – respondeu o reverendo, pedindo silêncio para ouvir as últimas notícias:

> Paris, urgente! Tropas anglo-americanas procedentes da Normandia chegaram hoje a Paris, após atravessar o *front* alemão, em Avranches, e seguem para Somme, Marne e Aisne. Outra divisão dos aliados desembarcou na Provença e libertou as cidades de Marselha e Toulon. De Moscou chegam notícias de que a contraofensiva lançada sobre o rio Dniepr teve sucesso e foram libertadas Odessa, Crimeia e Sebastopol. O exército soviético prepara-se para invadir a Romênia e a Bulgária.

– Viva! – vibraram todos.
– A guerra está no fim – profetizou o reverendo King.

# 7

Ao voltar da escola, Martin encontrou Alfred sentado no sofá, vestido com o uniforme de beisebol.
– Olá, irmão! – cumprimentou-o. – Já almoçou?
– Claro! – Alfred respondeu, impaciente. – Você acha que eu estou pronto pro jogo e em jejum?
– Vai saber.
– Pois fique sabendo que a mamãe deixou sua comida no forno – Alfred falou. – Ela foi até a igreja levar umas cestas de alimentos. Disse que é pra você comer logo.
– Hã?! Mamãe disse pra eu comer logo? E por quê?
– Pra jogar beisebol comigo, ora! – Alfred riu.
– Ah, seu fominha... Vai ter que esperar – Martin provocou o irmão. – Vou mastigar duzentas vezes cada bocada.
– Você é quem sabe. Perde o lugar. Daqui a pouco o pessoal vai começar a chegar. Marcamos um jogo contra a turma da rua de cima.
– No local de sempre?
– E tem outro?
– Às vezes gosto do fato de ter um quintal vazio ao lado de casa, mas fico preocupado...
– Preocupado com o quê?
– Dizem que tem assombração! – Martin sussurrou.
– Você acha que me assusta? Ei, Martin, eu tenho 13 anos, não se esqueça. Esse tipo de susto você me dava quando eu tinha três anos. E não se esqueça de que sou maior que você. Se a assombração aparecer, eu te protejo, ok?
– Ok, vou comer e vou pro campo. Esperem o craque.
Alfred e os amigos estavam todos prontos quando Martin chegou para completar o time. Ficaram em times adversários. Martin era quem pegava no seu time.
Alfred gostava de se gabar durante o jogo:
– Ei, Martin, tome cuidado, você conhece a minha potência.

— Pode mandar, eu sou o Sansão — ele retribuía.
— Agora o gigante Alfred vai destroçar o pequeno Martin com uma tacada fenomenal.
— E o Davi Martin vai derrubar o gigante!
— Martin, atenção. Violência à vista: sou eu no taco.
— Pode vir, seu caramujo desengonçado.

O jogo todo parecia uma guerra verbal entre os dois, um provocando o outro, que respondia no maior bom humor. No meio do jogo, Alfred lançou e errou a bola. O taco escapuliu de sua mão, saiu voando e acertou a cabeça de Martin em cheio. O barulho foi assustador, Martin caiu e ficou estendido, inerte, lívido.

— Você está bem? — Alfred perguntou, preocupado.

Os garotos ficaram em volta de Martin, alguns assopravam seu rosto para reanimá-lo. Alfred começou a ficar desesperado, ameaçou chorar.

— Será que matei o meu irmão? Vocês viram, não foi de propósito.
— O taco escapou, nós vimos — asseguraram os amigos.

Depois de um tempo, Martin abriu os olhos.

— Está vivo! — os garotos comemoraram.

Posicionaram-se para continuar o jogo, deixando apenas Alfred cuidando do irmão.

— Você está bem, Martin?
— Estou, mas você não.
— Hein?!
— Foi sua terceira batida... e você está fora!

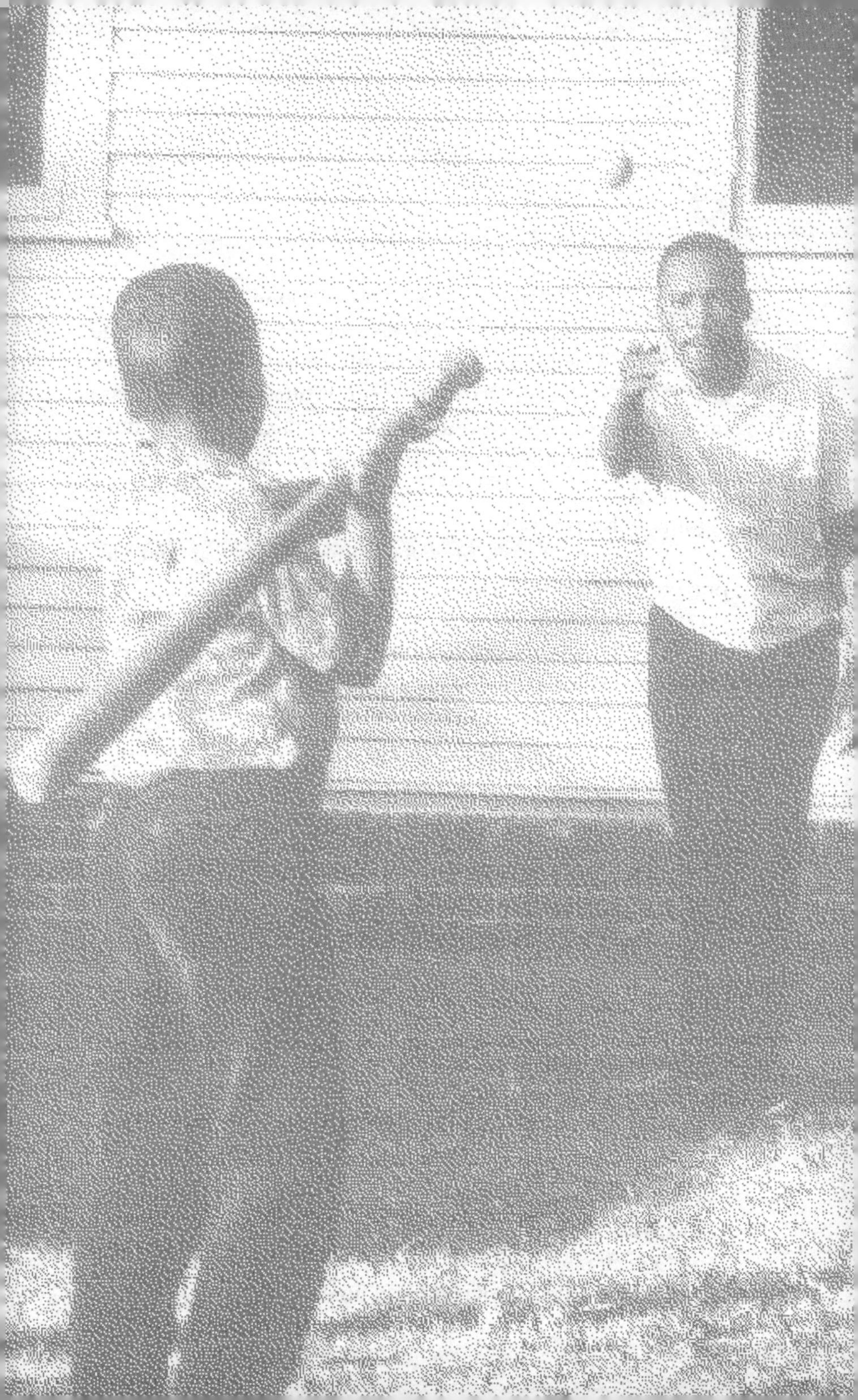

Atlanta, 1944

# 8

Após o jantar, Larry e Jesse foram visitar Martin e ouviram a história de sua admissão no College Morehouse; Jesse se entusiasmou com a novidade:
— Meu irmãozinho, o seu futuro não aponta para uma vida normal. Você é um cara diferente, Martin. Os fatos comprovam a cada dia, e este é mais um. Não esqueça dos seus irmãos de cor, hein! Não se esqueça dos irmãos. Faça alguma coisa por nós.

Larry, pouco dado a filosofia, muito prático e amante dos prazeres, cumprimentou o amigo, mas advertiu:
— Ok, parabéns, parabéns! Agora, objetivamente, temos pouco mais de dois meses até o final do verão. Portanto, vamos aproveitar para desencaminhar o profeta Martin. Serão os seus últimos dias em companhia desses simples mortais. Depois, a glória. Por onde a gente começa, Jesse? Um clube de jazz ou...

Jesse olhou para Martin, desaprovando a falta de sensibilidade do amigo. Por isso resolveu cutucá-lo:
— Tenho uma ideia melhor. Comece contando a Martin como foi o seu encontro com a Mary — e deu uma gargalhada.

Larry perdeu a graça, cruzou os braços e amuou:
— Não vou contar coisa nenhuma. Se você quiser contar...

Jesse não consentiu:
— Faço questão que você reporte ao Martin, com suas próprias palavras, o acontecido agora há pouco.

Larry tentou desconversar:
— Afinal... vamos ou não para um clube de jazz?
— Larry! — Jesse intimou.
— Ele tem apenas dois meses com a gente, Jesse, pense nisso.
— Larry... Fale para Martin sobre os "tesouros do céu".
— Que prazer você tem em humilhar os outros!
— Então eu vou contar — Jesse ameaçou.

– Não! – interrompeu Larry. – É melhor que eu mesmo conte com as palavras mais adequadas possíveis.

Martin animou-se, a narrativa prometia grandes emoções.

– Bem... – começou Larry, totalmente sem jeito. – O fato é que a Mary não é fraca. Ela tem um tio, na Filadélfia, que é músico de jazz. Esse tio aí, um tal de Charles, toca saxofone.

– Que coincidência, Larry – comentou Martin. – Sorte, hein!

– Mais ou menos – Larry desanimou. – O cara toca muito, Martin. É profissional mesmo. Só que anda com más companhias, viciou-se em heroína, e numa dessas "furadas" teve que vender o instrumento para comprar mais droga.

– Coitado – lamentou Jesse.

– E o irmão dele, pai da Mary, comprou o saxofone do tio e deu a ela. Então o tio, o tal viciadão, pra agradecer, deu umas aulas pra Mary, e depois mandou uns métodos pra ela ir treinando.

– E ela treinou, Larry? – perguntou Martin, já antevendo a história.

– Nossa! Ela "janta" o instrumento, profeta!

– Conta a história do improviso, Larry – alfinetou Jesse.

Larry continuou

– Bem, eu ainda sem saber de nada, comecei a mandar uma conversa meio atravessada pra cima dela, escala de sol, clave de fá, sustenido pra cá, bemol pra lá, coisa e tal, e a Mary perguntou se eu sabia improvisar. Você acha que eu ia falar que não? O que você falaria no meu lugar, Jesse? Bem, eu falei que mandava alguma coisinha e devolvi a bola, perguntei se ela improvisava.

Jesse começou a rir, para desconsolo de Larry.

– Pô, Jesse! Olha o respeito com a dor alheia! – e continuou contando para Martin. – Profeta... a garota pegou o saxofone e tocou umas trezentas notas por segundo.. *piriri, parará, piriri, parará...* improvisou, virou a música do avesso, fez o diabo. E então veio o pior...

– Pior que isso? – perguntou Martin. – Podia acontecer alguma coisa pior do que isso, Larry?

# Atlanta, 1944

– Podia. E aconteceu. A Mary pegou o saxofone, jogou pra cima de mim e falou: "Toca! Se você mostrar que é bom nisso, ganha um beijo na boca".

Jesse não deixou Larry contar o final, ele mesmo deu o desfecho:

– E sabe o que o sabichão aqui disse pra ela? – falou, imitando a voz de Larry: – *Estou com o beiço dolorido de tanto ensaiar, não vou poder tocar pra você, Mary...*

– Então ela respondeu: "Nesse caso, também não vai conseguir me beijar" – completou Larry, bem desanimado. – E eu retruquei: "Beijar eu consigo, Mary". Mas ela foi firme: "Meu beijo suga até a alma, não quero machucar ainda mais sua beiçola".

Martin ouviu a história do amigo embaraçado e o repreendeu:

– Agora você entende o que é "tesouro do céu", não é mesmo?

– Apanhei, mas aprendi. A gente precisa desenvolver as nossas capacidades, irmão, foi essa a lição, dolorida, por sinal. Se eu tivesse estudado, feito um esforço, poderia ter improvisado e feito bonito. Agora a Mary não vai querer nada comigo.

– Não é bem assim – interveio Jesse. – Pelo menos você não deu vexame. Ela está na dúvida sobre a história do beiço. Se você se empenhar, um dia pode mostrar alguma coisinha pra ela. Chega com humildade, porque a garota é fera.

– Martin, você disse que a ousadia era um dos tesouros mais valiosos – reclamou Larry. – No entanto, ela me colocou numa situação embaraçosa. Como você explica essa história de "tesouro do céu"?

– Meu amigo, preste atenção – respondeu Martin, professoralmente. – Antes de ousar, a gente precisa saber. Se você tivesse estudado a lição, na hora em que ousou, tudo trabalharia a seu favor. Porém, quis enganar a natureza.

– Certo. Agora, prestem atenção vocês dois – advertiu Larry. – Vocês ainda vão me ouvir tocando saxofone. E bem!

Jesse gostou da advertência do amigo. E perguntou:
– Tão bem quanto a Mary?
– Pô, não exagera! – Larry respondeu.
Martin falou que confiava no potencial de Larry e que tinha certeza de que ele acumularia o seu "tesouro do céu", bastava empenhar-se. E para encerrar o assunto, perguntou:
– Afinal, vamos a um clube de jazz?
– Odeio jazz! – gritou Larry.
E os três caíram na gargalhada.
– Então vamos dar uma volta na praça – propôs Jesse.

# 9

Ao voltar para casa, Martin encontrou seu pai, o reverendo King, lendo, sentado em sua poltrona favorita.
– Olá, pai! – saudou Martin.
– Oi, filho, venha aqui, vamos conversar um pouco – respondeu o reverendo King. – Como vão as coisas? Faz tempo que a gente não conversa.
– Quer saber como está o trabalho no jornal?
– Claro, filho!
– Bem, está indo muito bem. A equipe de entregadores que estou gerenciando é uma das mais eficientes
– Eu me orgulho disso – falou o reverendo King. – Qual é a idade dos outros coordenadores?
Martin deu um sorriso, para conter a modéstia.
– O pessoal é mais velho, alguns têm a sua idade.
– Eles fazem muito bem em confiar em você.

– Se bem que alguns caras falam pro chefe que ele não deve confiar num jovem, e ainda por cima, negro.
– A cor da pele nunca foi atestado de capacidade, Martin – interveio o reverendo King. – Não perca seu tempo com essas pessoas.
– Eu tento me manter equilibrado, mas às vezes confesso que machuca. Sempre que isso acontece eu me lembro de sua história de vida.

O reverendo King ficou pensativo por uns instantes, os olhos marejaram:
– Na minha infância fui obrigado a conviver com muita injustiça. Graças ao bom Deus, não deixei a amargura tomar conta do meu coração, filho. Eu e meus irmãos trabalhávamos com o meu pai numa fazenda em Stockbridge, na Geórgia. Éramos meeiros. Meu pai não sabia ler, escrever, nem fazer contas. Por causa do trabalho eu só podia ir à escola três meses por ano, o resto do tempo era trabalho duro na terra.

*Sala da casa dos King*

Nesse instante Alfred chegou e, percebendo o momento, juntou-se aos dois para ouvir a história.

– Naquele tempo, quase todos os negros eram analfabetos – continuou o reverendo King. – A gente trabalhava, trabalhava, e no fim da colheita, o patrão apresentava os números. Sempre ficávamos devendo, porque meu pai e os outros trabalhadores tinham que pegar dinheiro emprestado do patrão para comprar mantimentos, roupas, e tudo o mais.

– Que dureza! – disse Martin.

– Agora, vejam vocês a importância do estudo – o reverendo King alertou. – Certa vez acompanhei meu pai na hora do acerto de uma safra que tinha sido excelente. Fiquei atento aos malabarismos que o patrão fazia com os números. No final, ele disse para o meu pai: "Veja só, empatamos de novo". Então cutuquei meu pai e falei que o patrão "havia esquecido" de somar setenta sacos e meio de sementes – e isso chegava a quase mil dólares a que tínhamos direito...

– Uau! – vibrou Martin.

– Cabeça boa, cabeça boa – disse Alfred.

– Seu pai deve ter ficado orgulhoso, hein! – imaginou Martin.

– É, mas o patrão ficou possesso. Falou que não tinha que ficar escutando conversa de um moleque preto. E ameaçou mandar a gente embora das terras dele.

– Mas pagou – provocou Martin.

– E não bufou! – Alfred completou.

– Foi naquele dia que decidi buscar uma vida melhor – confessou o reverendo King. – Quando eu completei 15 anos, me despedi dos meus pais e dos meus irmãos e vim procurar uma vida melhor em Atlanta.

– E encontrou essa linda mulher que é a mamãe! – Alfred gritou, eufórico.

O reverendo King não conteve o riso.

– Verdade. Mas como eu imaginava, não foi fácil. Foram 11 longos anos, trabalhando duro durante o dia e estudando à noite. Até que, aos 26 anos, tirei o meu diploma do colegial.

## Atlanta, 1944

Martin sentia um grande orgulho de ser filho desse guerreiro. E disse:

– É por saber disso, pai, que eu me esforço, dou o máximo de mim, porque tenho um exemplo maravilhoso que é o senhor.

– Eu também – bradou Alfred. – Eu também quero ser como o meu pai!

– Ótimo! Estamos todos resolvidos a ser felizes. Lembrem-se: ninguém é superior a vocês, mesmo que sofram com o preconceito, não se abatam. Lutem com amor, paciência e tolerância, mas não deixem de transmitir a mensagem. E agora, vamos para a cama que o sono está chamando.

– Pai – disse Martin. – Gostaria de comprar um par de sapatos novos para ir à Morehouse. O senhor poderia me ajudar a escolher um bem bonito, amanhã, depois que eu sair do trabalho?

– Claro, filho! Eu passo lá por volta das cinco horas, ok?

– Perfeito.

## 10

Na tarde do dia seguinte, o reverendo King passou na sede do *The Atlanta Journal* pontualmente às cinco horas.

– Quero me dar de presente o melhor par de sapatos de Atlanta, pai.

– Você está certo em se tratar bem. Afinal, todo esforço merece uma boa recompensa – respondeu o reverendo King.

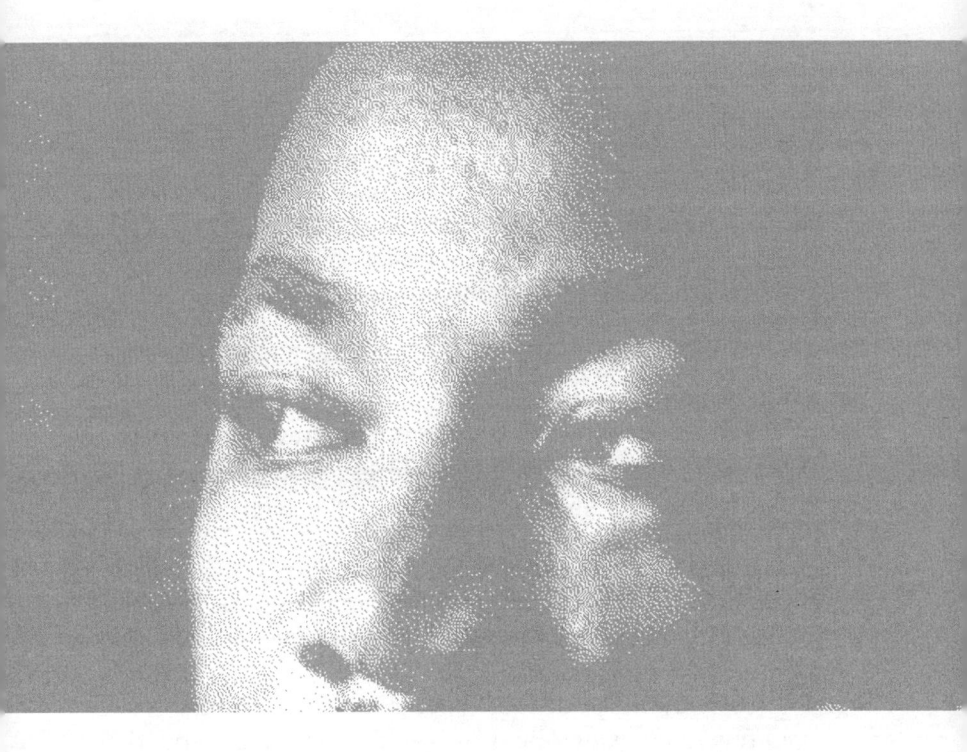

Foram à George's, a melhor loja de sapatos de Atlanta. Era uma loja de artigos de primeira linha, com uma decoração de extremo bom gosto; na vitrine estavam expostos os sapatos mais atraentes da cidade. Martin herdara do pai o gosto por vestir-se bem.

O reverendo King tinha a seguinte teoria: quando você está vestido com um terno bom, mas o sapato é velho, parece que é desleixado; mas se o sapato for impecável, mesmo sem usar terno você é considerado extravagante. E os extravagantes são perdoados.

Martin ficou interessado em um sapato bicolor, marrom e branco, que estava em voga naquela época. Consultou o pai, que também gostou do sapato. Martin brincou:

– Bem... o senhor me desculpe a audácia – comentou.
– Perguntei só por perguntar, porque compraria este de qualquer jeito.

Atlanta, 1944

O reverendo King não conseguiu segurar a gargalhada. E entraram abraçados e felizes. O vendedor veio ao encontro dos dois.
— Pois não — cumprimentou-os amigavelmente.
— O meu filho quer comprar o sapato bicolor que está na vitrine — respondeu o reverendo King.
— O marrom e branco? — perguntou o vendedor.
— Exatamente! — Martin antecipou-se.
— É o mais caro — ele advertiu.
— Podemos pagar, não importa o preço — disse o reverendo King.
O vendedor notou pelos trajes que eram dois cavalheiros distintos, e que provavelmente estavam falando a verdade. Abriu os braços, como quem diz: "Eu avisei, depois não caiam pra trás de susto".
Martin pediu para experimentar o número 41. O vendedor assentiu com a cabeça e foi em direção ao estoque buscar o sapato. Deu alguns passos e voltou. Calmamente, mas com um tom de empáfia, disse:
— Os senhores poderiam esperar no fundo da loja?
O reverendo King olhou para o filho, sorriu e respondeu que preferia esperar ali mesmo, naquelas cadeiras. Mas o vendedor insistiu que eles fossem para o fundo da loja, como era o hábito. Em Atlanta, negros deveriam ficar sempre nos fundos, fosse em ônibus, fosse em lojas.
— Não atendemos pessoas de cor na parte da frente da loja — o vendedor explicou.
O reverendo King, educadamente, respondeu:
— Se o senhor considera que suas cadeiras são muito boas para mim e para meu filho, então nosso dinheiro também não serve para o senhor.
E saíram, para espanto do homem.
— Tenha uma boa tarde e muito obrigado — completou o reverendo King.
— Boa tarde, senhor — Martin também o cumprimentou.
— Agora, meu filho, vamos procurar uma loja onde o nosso dinheiro seja apenas verde — o reverendo King falou, sem rancor nem ódio. —Vamos indo que já esta anoitecendo.

# 11

Com a caixa de sapatos novos nas mãos – iguais ao que tinha visto na George's –, Martin e o pai entraram em casa duplamente felizes. Alberta e Christine estavam na cozinha, preparando o jantar. Alfred terminava sua lição de casa, na mesa da sala.
– Por favor, desocupando... – Christine falou para Alfred, trazendo a toalha de mesa. – Ei, olhe quem acaba de chegar, dois homens radiantes – ela disse, ao ver o semblante do reverendo e de Martin.
– Felizes e vitoriosos! – bradou Martin.
– Vitoriosos? – Christine perguntou, curiosa. – Se vocês ganharam, alguém perdeu. Quem foi, posso saber?
Antes que Martin reagisse, o reverendo King antecipou-se:
– Quem perdeu foi o mal. O bem venceu mais uma.
Alberta veio trazer a comida e quis se inteirar:
– Ah, não! – resmungou. – Só esta pobre mulher não sabe o porquê da alegria desses homens sortudos de Atlanta? Nada disso, reverendo, conte tudo para sua querida esposa.
O reverendo King deu um beijo em Alberta e disse para Martin, enquanto ajudava Alfred a guardar o material:
– Conte para esses curiosos o que aconteceu com a gente, filho – pois queria saber como Martin iria traduzir a situação.
– Bem... – e Martin inspirou profundamente. – Com uma sopa de cebolas dessas perfumando o ar, talvez eu até fique meio embaralhado, mas vou tentar. Nós fomos comprar sapatos na George's e o vendedor quis que a gente ficasse no fundo da loja. Papai disse que preferia esperar nas cadeiras da frente, e diante da insistência do homem em cumprir a tradição injusta de destratar os negros, preferimos comprar os sapatos em outra loja.

Atlanta, 1944

Christine vibrou:
— Gente de raça, fibra e inteligência!
— Exatamente, mana — continuou Martin. — Em vez de discutirmos, agimos, porque o bolso é um grande conselheiro para os desavisados.
— Viva! — Alfred empolgou-se.
— E um detalhe — Martin retomou, para satisfação do pai.
— Com educação e superioridade. Não agredimos o infeliz do vendedor, que também é uma vítima...
— Da ignorância! — Alberta falou, demonstrando que o pensamento da família estava afinado.

Alfred, o caçula da família, era bem esperto para um garoto de 13 anos, e confessou que estava lendo uns livros de Martin:
— Ei, irmão, aqueles livros que você comprou são o máximo! O Douglass e a Turbman...
Todo mundo riu, Alfred ficou sem entender:
— Eu disse alguma bobagem?
— Não é Turbman. O certo é Tubman, Harriet Tubman,* aquela escrava franzina que planejava rotas de fuga no Norte para outros escravos fugitivos.
— E Frederick Douglass** — Christine completou. — Um escravo que virou estadista!

O reverendo King e sua esposa estavam orgulhosos de seus filhos; além do bom caráter, tinham o hábito da leitura, e isso fazia toda a diferença. "Quem não lê, vê mas não enxerga" — ele repetia nos sermões da Igreja Batista Ebenezer. Martin sabia disso perfeitamente.
— Alfred, eu acho ótimo que você esteja lendo sobre Tubman e Douglass — disse ao irmão. — Depois vou lhe emprestar um livro maravilhoso que comprei esta semana. Chama-se *Desobediência civil*.
— É do Thoreau?*** — Alfred arriscou.
— Dele mesmo — confirmou o irmão. — Já leu alguma coisa dele?
— Não — Alfred respondeu. — Só vi a capa, na sua escrivaninha.

– Quando quiser, pegue-o para ler. É meu, é seu, é nosso.
– Agora vamos deixar de conversa senão a comida esfria – Alberta alertou.

Todos sentaram-se e, respeitosamente, abaixaram a cabeça enquanto o reverendo King fazia uma oração:
– Senhor Deus, nós agradecemos por este alimento...

# 12

No dia seguinte, Martin foi com seu pai ao centro de Atlanta resolver assuntos bancários. Conversavam sobre o futuro profissional, pois Martin estava preocupado em seguir uma carreira por meio da qual pudesse servir ao seu povo.
– Existem muitas maneiras de servir, meu filho – dizia o reverendo King. – Você pode escolher a Medicina, por exemplo...
– Verdade. Como médico posso salvar vidas, e até mesmo descobrir a cura de algumas doenças – meditou Martin. – Mas sabe, pai, acho a Medicina maravilhosa, porém, o que eu quero é cuidar não apenas do corpo físico...
O reverendo King concordou com o filho:
– Você está certo, filho. Curar o corpo não é suficiente. E se curar o corpo e a mente continuar doente...
– Como advogado também posso servir aos nossos irmãos, afinal, se existe uma coisa injusta, essa coisa é a lei dos homens, nessa maravilhosa e sofrida América.
– A luta pela justiça é dever de todos. Aqueles que sofrem injustiças devem lutar, observando as leis de Deus, e

# Atlanta, 1944

procurar mudar a lei dos homens – o reverendo King refletiu. – Os que não sofrem, mas não concordam com ela, devem se solidarizar com os que sofrem. É uma questão de princípios. Acho que o direito é uma ótima opção. Você também deve levar em conta que existe uma história familiar que vem desde seu avô materno, o reverendo Adam Daniel, pastor durante 37 anos, cuja sucessão coube a mim e muito me honra. Como pastor você pode ajudar muito.

Antes de terminar o seu raciocínio, um guarda de trânsito fez sinal para o reverendo King encostar o carro.

– Bom dia, policial, em que posso ajudá-lo? – cumprimentou o reverendo King.

Como a maior parte dos sulistas, o policial dirigiu-se ao reverendo King tentando depreciá-lo por ele ser negro:

– Ei, garoto, deixa eu ver sua habilitação.

O reverendo King esticou o braço e pegou a habilitação no porta-luvas, e, sereno, sem colocar ironia nas palavras, entregou-a ao policial, dizendo:

– Ele é um garoto – apontando para Martin. – Eu sou um homem!

O policial ficou sem reação. Não sentiu-se agredido,

pois o reverendo King tinha a voz calma e firme. Pegou a habilitação e percebeu que fizera papel de ridículo. Agrediu um homem e este portou-se com elegância, não respondendo à altura – ou à falta dela. Desconcertado, examinou superficialmente a habilitação do reverendo King, devolveu-a e despediu-se, tentando consertar:
– Está tudo certo. Vão com Deus.
– Ele não nos abandona jamais – o reverendo King engatou a marcha e partiu.
E também "partiu" ao meio o preconceito do policial.

# 13

Tomar aquela decisão não era nenhuma novidade para Martin, pois ele estava cada vez mais certo daquilo. Além disso, ao trabalhar para o seu povo como pastor, Martin também realizaria um sonho de criança.

Graças à sua belíssima voz, desde os cinco anos de idade Martin cantava no coro da igreja onde o reverendo King era pastor. Não era apenas afinado, possuía um timbre tão angelical que muitas pessoas iam ao culto só para ouvi-lo. Quando ele cantava, a arrecadação das doações aumentava sensivelmente, e graças a isso, a igreja ajudava muitas crianças pobres a comprar o uniforme escolar, por exemplo.

Mesmo sendo muito novo, Martin tinha noção desse poder, mas não se sentia completamente realizado apenas cantando. Ele ouvia admirado o sermão do reverendo King e se extasiava com a eloquência e a capacidade de mobilizar as pessoas que seu pai possuía.

## Atlanta, 1944

– Um dia eu vou falar bonito que nem o papai – ele dizia para sua mãe.

E essa oportunidade apareceu quando Martin foi escolhido entre todos os alunos do segundo grau para representar sua escola num concurso de oratória em Valdosta, no estado da Geórgia.

A viagem começou num clima de festa, com os alunos liderados pela professora de oratória, a senhorita Sarah Grace Bradley, fazendo as habituais brincadeiras de adolescentes – nada grave, que merecesse uma observação mais séria.

Porém, apesar de todo o seu empenho, Martin não conseguiu vencer o concurso e trazer o título para sua escola: ficou em segundo lugar e isso o chateou bastante.

Ao voltar para casa, os alunos entraram no ônibus que os levaria de volta a Atlanta, espalhando-se pelos bancos vagos, e fora Martin, que se sentia frustrado por não ter vencido o concurso, os outros se misturaram entre os passageiros já instalados, sem muita cerimônia. Minutos depois, entraram outros passageiros no ônibus, a maioria brancos, e não havia lugar para sentar.

Em casos assim, o normal em Atlanta era o motorista do ônibus se virar para trás e gritar para que os negros, jovens e velhos, cedessem o assento para os brancos.

– Atenção, pretos, desocupem o lugar para os brancos! – berrou grosseiramente.

Os negros mais velhos levantaram, mas Martin e os outros alunos decidiram permanecer sentados, ignorando as ordens do motorista, que se enfureceu:

– Escuta aqui, cambada! Além de pretos vocês são surdos?

Martin tomou a liderança do grupo, e só com o olhar, sem dizer palavra, se comunicou com os colegas para que ninguém arredasse o pé.

– Ah, seu pretos fedidos, não me façam chamar a polícia! – advertiu o motorista, fora de controle.

O clima ficou pesado, alguns alunos sentiram-se ofendidos pela atitude do homem. Prevendo um possível conflito, a senhorita Bradley explicou aos alunos que o dever dela era evitar problemas, uma vez que era responsável por todos eles. Pediu, então, delicadamente, que se levantassem.

Os colegas olharam para Martin: seu olhar era firme e sereno, mas demonstrava indignação. Ele observou tudo, em silêncio.

– Vamos lá, negrada! Arriba! – o motorista gracejou.

Martin olhou pela janela, tentando não dar atenção à estupidez daquele homem sem classificação. Era hora de aplicar na prática os conhecimentos sobre o perdão que ouvira certo domingo na igreja:

> Quantas vezes devemos perdoar os nossos irmãos, sete vezes? Não. Deves perdoar até setenta vezes sete.

Martin balançou a cabeça positivamente. Aos poucos, um a um, os rapazes foram se levantando. E permaneceram em pé durante o caminho de volta para Atlanta: por 144 km.

A senhorita Bradley agradeceu a Martin e disse:
– Realmente, isso não é justo. Mas o que eu poderia ter feito?

Martin passou a viagem meditando: tudo bem que ela não poderia ter feito nada, mas... o que ele poderia fazer?

# 14

Enquanto Martin tentava encontrar uma solução para essa guerra que machucava o seu povo, muito longe de Atlanta desenrolava uma outra batalha, mais sangrenta: os exércitos aliados preparavam-se para transpor a "Muralha Atlântica", um cinturão de fortalezas e

fortificações do exército alemão, que se estendia da Noruega até os Pirineus.
– Irmãos, isso é um sinal favorável – acreditava Jesse. – Quando as coisas começam a desanuviar, os ventos sopram a favor da liberdade.
– Bem que eu gostaria de acreditar nisso, Jesse – respondeu Martin. – O problema é que... bem, você sabe o que eu penso sobre violência.
– Paciência – emendou Larry. – Fazer o quê? O *Dia D* está chegando.

Martin, Larry e Jesse foram para uma lanchonete, onde uma pequena multidão se aglomerava para ouvir as notícias que chegavam pelo rádio.

À zero hora do dia 6 de junho, a Força Aérea Britânica despejou seis mil toneladas de bombas sobre alvos militares, de Cherburgo a Le Havre. Essa operação, chamada Overlord, é uma das muitas ações que os aliados têm feito para desembarcar na França.

Gritaria geral, homens se abraçavam, comemorando a ofensiva militar. Um rapaz loiro, entusiasmado, nessa hora esqueceu o preconceito e foi falar com os três:
– Nosso exército lançou mais de três mil toneladas de bombas sobre as defesas alemãs na costa.
– Viva o presidente Roosevelt! – gritou um senhor bastante idoso.

Para Martin, a guerra era bem próxima, no dia a dia. Aquela que obrigava homens negros a cederem seus lugares em ônibus para os brancos, dar a preferência na fila – e outras injustiças. Não haveria vitória a ser comemorada enquanto isso continuasse.

**Morehouse**

**1945**

# 15

O Morehouse College era uma instituição que funcionava há mais de 75 anos, fundada por um pastor negro, o reverendo William Jefferson White, e contava com o apoio de batistas negros e brancos, embora fosse dedicada exclusivamente a estudantes negros.

Logo no início das aulas, Martin conquistou a admiração de todos os colegas por sua postura firme, superior e pacífica. Até mesmo os professores se renderam ao seu carisma. Morehouse era respeitada por formar grandes homens. Dentre seus formandos era possível encontrar muitos presidentes de faculdades de negros e uma série de médicos, advogados e professores. Morehouse também havia diplomado um grande número de pastores – dentre eles o pai de Martin.

A cada dia, Martin pensava mais seriamente na ideia de tornar-se pastor, e mesmo que estivesse disposto a seguir os passos de seu avô e seu pai como *homem de Deus*, ele via nesse caminho uma possibilidade de conduzir o seu povo à liberdade.

Porém, esse pensamento ele não partilhava com ninguém, nem mesmo com seus pais. Era uma certeza íntima, impossível de traduzir em palavras para quem quer que fosse. Em suas orações Martin pedia que Deus o orientasse no caminho, para que ele tivesse certeza absoluta de sua vocação.

– É isso o que você quer, irmão? – perguntava Jesse.
– É – Martin respondia.
– Certeza?

Morehouse, 1945

— Certeza.
— Cristalina?
— Cristalina.
— Cem por cento?
— Noventa e nove, vírgula noventa e nove por cento...
— Então ainda falta, Martin — Jesse constatava.
— Falta aquela voz, Jesse...
— Aquela voz falando dentro do seu coração, irmãozinho?
— Essa mesmo.
— Você tem orado, pedido uma luz?
— Muito.
— Então pode ter certeza de que Deus vai vir falar com você.

Martin considerava a igreja o seu segundo lar; nela, o reverendo King exercia uma grande influência sobre a comunidade negra de Atlanta, pedia que seu povo andasse de cabeça erguida, que não se deixasse abater pelas leis quase sempre desfavoráveis aos negros.

— Andem humildemente com Deus, mas com muita alegria de viver e certos de que a justiça do Pai chegará.

A igreja também foi o lugar onde Martin viu a sua família colocando em prática os ensinamentos do Evangelho, ajudando pessoas necessitadas.

Quando alguns conhecidos passavam por dificuldades, sua mãe e a avó materna, Jennie, preparavam cestas de alimentos para um socorro imediato. Mas a ajuda mais eficiente era a do reverendo King, fornecendo um alimento espiritual que os mantinha de pé, tesos, irmanados na luta por igualdade e justiça de tratamento.

# 16

Apesar de sua pouca idade – mal completara 16 anos –, Martin seguia abertamente a cartilha da "desobediência civil", de Henry David Thoreau, que, 80 anos antes, em Concord, Massachusetts, negou-se a seguir leis injustas. Thoreau chegou a ser preso por discordar da lei que obrigava o indivíduo a pagar pelo direito de votar.

Martin contava isso aos colegas do Morehouse, tentando transmitir suas ideias a muitos deles para que tivessem sucesso:

– Thoreau não pagou o imposto durante seis anos e insistiu por seu direito de votar mesmo assim, até o levarem preso. É isso que precisamos fazer.

# 17

Depois que saía do Morehouse College, Martin costumava dar uma passada na igreja para ver se o reverendo King precisava de alguma coisa, e só então ia para casa. Depois de comer, fazia as lições e também lia sobre diversos assuntos, geralmente ligados à filosofia, religião ou sociologia. Às vezes a política despertava seu interesse.

No quintal vizinho à sua casa havia um carvalho, imponente, vistoso. Martin sempre gostou de escalá-lo quando era criança, e nem Jesse, Larry ou Alfred eram tão rápidos para subir naquela árvore.

Naquela tarde quente, Martin chegou do Morehouse e encontrou Alberta e Beth, uma amiga da igreja, embalando uma cesta de alimentos para um conhecido que havia sido despedido.

– Pobre homem – lamentava Alberta. – Tenho certeza que o Senhor vai olhar por ele e por sua família... Enquanto isso, nós vamos fazendo o que está ao nosso alcance.

Martin entrou na cozinha e beijou Alberta:
– Bom dia, mãe querida! Bom dia, Beth!
– Olá, meu garotão, como foram as aulas?
– Ótimas, como sempre.
– Espere só um momentinho que estou terminando isso aqui: vou preparar um bom prato pro meu menino comer.
– Não se preocupe, eu termino – disse Beth.

Martin puxou uma cadeira.
– Sabe, mãe... hoje fiquei com saudade da *mama* Jennie.

*A cozinha da casa dos King*

Alberta parou por um instante de embalar os alimentos e balançou a cabeça, pensativa. Uma onda de tristeza e saudade passou por ela, mas era uma mulher forte e lutadora, não queria deixar a emoção derrubá-la:
– Aquela mulher era muito especial. Como poucas... – Alberta falou, retomando o trabalho. – Nunca ouvi minha mãe reclamar de nada. Sempre positiva, pensando no bem.
– Realmente, a *mama* era uma muralha – Martin concordou.
– Sabe o que eu acho gozado, filho? – Alberta prosseguiu.
– Existem pessoas que acham que reclamar por reclamar é suficiente. Ficam falando feito boneco de ventríloquo! Minha mãe era diferente: ela agia! Não reclamava da vida, e dava broncas somente naquelas determinadas situações que considerava erradas. Nunca reclamou de um irmão, só dava força, espalhava positividade.

Martin não conseguiu conter a emoção, abaixou a cabeça, apoiou os braços sobre as coxas e ficou muito triste, choroso. Alberta notou:
– Acho que nós já conversamos bastante sobre isso, filho, não tem motivo nenhum para sentir-se culpado. Vamos, levanta daí e dá uma ajuda pra essa velha cansada.
– Você não é velha, mãe querida! – Martin reclamou, levantando-se e enxugando o rosto com a manga da camisa.

Alberta pediu que ele ajudasse Beth a embalar a cesta enquanto preparava o seu prato. Sem dar tempo para Martin pensar em nada, desatou a falar.
– Filho, você precisa perdoar a si mesmo, não pode ficar remoendo essa culpa – começou Alberta. – Você tinha 12 anos, um garoto nessa idade tem muita curiosidade, e não pense você que seu pai e eu não sabíamos que você tinha ido ao centro assistir a um desfile. Mesmo não sendo aconselhável num dia dedicado a louvar o Senhor.
– Todos os meus colegas disseram que o desfile estava lindo – Martin lembrou.
– É natural para um garoto – contemporizou a mãe. – Agora... veja você que fatalidade! Mamãe ia dar uma palestra para mulheres da igreja e teve um ataque cardíaco fulminante.
– Se eu estivesse aqui poderia...

— Poderia nada, seu pretensioso — cortou Alberta. — Ela morreu na hora. Devemos agradecer ao Senhor porque a *mama* não sofreu. E tem mais um detalhe: sua avó morreu servindo, o que é uma glória para qualquer um.

Martin ficava abalado sempre que se lembrava daquele dia. Uma imagem nunca saiu de sua cabeça: Larry correndo em sua direção, desviando de pessoas, esbarrando em um e outro, e parando à sua frente, esbaforido:

— Você precisa ir para casa! Sua avó está à caminho do hospital!

Martin e Larry chegaram rápido em casa, mas vovó Jennie, a *mama*, como só ele a chamava, havia morrido antes mesmo de entrar no hospital.

Alberta serviu a comida do filho e tomou o seu lugar para acabar de embalar a cesta. Com uma voz severa disse:

— Ficaria pior ainda para o mocinho aí se tivesse tido sucesso na péssima ideia que teve para se punir, não é? Hã?!

Martin ruborizou-se.

— Onde já se viu, querer cobrir um erro com outro?

— Realmente, foi uma ideia de mula... — Martin concordou. — Sem saber o que fazer eu pensava: "Se ao menos não tivesse ido ao desfile!". Então subi as escadas, abri a janela do segundo andar e pulei!

— Deus seja louvado — sussurrou Alberta. — Imagine que desgraça perder a mãe e o filho no mesmo dia.

# 18

Martin almoçou, subiu para trocar de roupa e buscar uns livros. Ao passar pela cozinha para beber um copo de água, notou que Alberta e Beth ainda estavam trabalhando nas cestas.

– Afinal, é um vizinho que foi despedido ou a fábrica toda?
– Estamos aproveitando o embalo, Martin – respondeu Beth. – Sabe como é a dona Alberta, né? Trabalho para ela é descanso!
– Você exagera, Beth – atalhou Alberta. – Já que estamos com a mão na massa, não custa deixar umas outras cestas de prontidão. Nunca se sabe quando vamos precisar de outra.
– Tudo bem, formiguinhas – brincou Martin. – Eu vou ler um pouco. Se precisarem de mim é só chamar.
– Já sei: o leitor debaixo do carvalho ataca novamente – e deu uma gargalhada simpática que contagiou Beth e Martin.

A tarde estava amena, favorável à leitura; a claridade ajudava, Martin recostou-se no carvalho, respirou o ar profundamente e exalou. Repetiu mais duas vezes esse ritual e cerrou os olhos. Concentrou-se totalmente e "conversou" com Deus, pedindo que "abrisse os seus olhos" para a leitura lhe revelar algo além das palavras. Com os olhos ainda fechados, abriu o Evangelho aleatoriamente. E leu a seguinte passagem:

> Se dois de vós estiverem de acordo na terra sobre qualquer coisa que queiram pedir, isso lhes será concedido por meu Pai que está nos Céus. Pois onde dois ou mais homens estiverem reunidos em meu nome, ali estou eu no meio deles.

– É isso! – Martin vibrou.

Sua intuição dizia que o caminho da liberdade de seu povo era a política da desobediência civil de Thoreau, mas com o olhar cristão, unindo os irmãos negros em torno de um pedido justo e sincero, para que o Pai lhes concedesse a graça.

"Como nós podemos nos unir?" – ele pensava, mas as ideias não eram originais. Martin intelectualizava muito, ruminava, mas o seu pensamento era tomado de assalto, ele não tinha controle, uma ideia trazia outra que trazia outra que trazia outra... e a noite descia calmamente sobre Atlanta, trazendo a lua e as estrelas para forrar o céu de cor mística.

# 19

Jesse e Larry foram chamá-lo para dar um passeio, Martin tentou desvencilhar-se, mas os amigos insistiram tanto que acabou cedendo. Coisa rara. Martin era do tipo teimoso: quando colocava uma coisa na cabeça, era mais fácil um boi voar do que ele voltar atrás.
Os três foram à praça olhar o movimento, conversar. Martin puxou o assunto, enquanto davam voltas, sem pressa.
– Vocês sabiam que se a gente se unir em torno de uma ideia, e essa ideia for nobre, Deus nos ajuda a realizá-la?
– Brincou – respondeu Larry.
– Eu li no Evangelho... – tornou Martin.
– Você quer dizer, se a gente chegar a um acordo, os três, por exemplo? – indagou Jesse.
– Exato – confirmou.
– Ah, se fosse tão fácil... – o pessimista e desanimado Larry comentou.
– Você acha assim tão difícil, Larry? – Martin comentou.
– Acha realmente que é complicado a gente chegar a um acordo sobre uma causa nobre?
– Relativamente, profeta... – respondeu Larry.
– Eu acho que, às vezes, é bastante difícil, amigos – Jesse interveio.
Larry resolveu desenvolver uma tese esdrúxula para confirmar a sua ideia:
– Digamos por exemplo que a gente resolva dar um beijo em uma garota. Os três unidos na mesma ideia, certo? Como é que vamos resolver essa questão? Em primeiro lugar, dois vão perder. Em segundo lugar, a garota não vai aceitar ser recheio de sanduíche...
Jesse e Martin se entreolharam, incrédulos. Não estavam acreditando que uma mente normal pudesse produzir um pensamento dessa natureza. De repente, como se tivessem combinado, desataram a rir do pobre Larry.

*Luther King, em sua fase madura, liderando uma manifestação.*

– Dá um tempo, irmão – Larry reclamou.

Martin e Jesse não conseguiam responder a tamanha bobagem: continuavam rindo escancaradamente, para desespero de Larry. Dobravam o joelho, a barriga até doía de tanto rir.

– Não sei do quê estão rindo – Larry intimou.
– Do que, não. De quem! – corrigiu Jesse.
– Estou com cara de palhaço?
– Não. Está com ideia de mula – Jesse interpretou.
– Pois então quero que vocês dois vão a...

Martin interrompeu a braveza de Larry sendo gentil e compreensivo:

– Larry, não é nada disso. Estamos falando de uma causa nobre. Você acha que beijar uma garota é uma causa nobre?
– Depende... – tentou Larry.
– Irmão, pra isso você não precisa pedir a ajuda de Deus. Vai lá e pede pra garota, diz que você está a fim dela, é fácil.
– Fácil pra você que tem bico doce...
– Quando falei em causa nobre estava pensando em coisas que são comuns a todos, como o preconceito que sofremos pelo fato de sermos negros. É uma discriminação inaceitável – e o tom da voz de Martin tornou-se sério. – Acho que enquanto sofrermos isoladamente, enquanto não nos unirmos em torno dessa causa, não haverá saída.

Morehouse, 1945

– Ah, meu irmão... desista! – Larry atalhou. – Isso sempre foi assim. Meu pai falou que o pai dele...
– Êpa! Vamos devagar – interveio Jesse. – Não vamos aceitar tudo como se fosse normal. Pode ser difícil, mas concordo com o Martin. Alguma coisa precisa ser tentada.
– E pacífica, amigos – Martin completou. – Ninguém me tira da cabeça que a gente deve lutar sem usar as armas do inimigo. Precisamos usar outro tipo de arma... – filosofou.
– Mobilização? – tentou Larry.
– É a palavra! – gritaram ao mesmo tempo Martin e Jesse, para surpresa de Larry.
– Pô, profeta! Você tem cada achado que não é fácil! Que cabeça, meu velho, que cabeça privilegiada! – disse Larry.
Martin era humilde:
– Não sou original, apenas curioso. Sabe de uma coisa? Na Bíblia eu encontro cada história... Você precisa ler a Bíblia, Larry!
– Desculpe, mas não entendo *lhufas*. É Deuteronômio pra cá, Eclesiastes pra lá, Provérbio, Parábola, *vixi*! Fico mais perdido que cego em tiroteio.
– No começo é assim mesmo... – Martin consolou.
– Depois piora! – completou Jesse.

# 20

O professor de filosofia do Morehouse, Mr. Parker, gostava de lançar ideias para que os alunos desenvolvessem teses, e Martin era um dos mais brilhantes na matéria.
– Platão nasceu em 430 antes de Cristo, por volta do tempo da morte de Péricles, e dizem que tinha uma inclinação para a guerra. Mas aos 20 anos, ao se encontrar com Sócrates,

foi dissuadido dessa ideia e permaneceu dez anos como seu aluno – explanou Mr. Parker com estilo. – Alguém mais poderia falar algo sobre Platão?
– Bem... posso tentar – Martin levantou o braço.
– Muito bem, Mr. King, prossiga.
– Platão era um mestre da matemática, um estudioso de todas as leis e causas naturais, e dizia que o Supremo Criador é bom, e aquele que é bom não sente nenhuma espécie de inveja. Todas as coisas são por causa do bem, que é a causa de toda coisa bela. Esse é o dogma que personifica sua filosofia.
– Parabéns, Mr. King – disse o professor. – Vamos continuar neste debate agradável. Quando Platão disse que a natureza é boa, mas o intelecto é melhor, o que estava querendo dizer?
– Acho que ele queria dizer que quando olhamos para as coisas e não as vemos como elas são verdadeiramente, isto é, a essência, perdemos o contato com a virtude.
– Ótimo, Mr. King – vibrou o professor.
– Posso falar sobre outra coisa, Mr. Parker?
– Sobre *softball*? – brincou.
– Não. É uma ideia que eu tenho e que gostaria de discutir.
– Fale – Mr. Parker incentivou.
– Não é especificamente sobre Platão, mas como estamos numa aula de filosofia, penso que não está totalmente fora. É o seguinte: os negros são discriminados por causa da cor da pele. O que a essência tem a ver com isso?
– Absolutamente nada! – redarguiu Mr. Parker.
– Então por que as coisas não mudam? – quis saber Martin.
O professor passou a mão no queixo, olhou para a classe, encarou os alunos e respondeu:
– Porque você... – apontou para um. – Você... – apontou para outro. – Você, você e você, enfim, todos vocês, não questionam nada, aceitam a vida como ela vem. Enquanto os homens não forem em busca de sua essência e não compreenderem o que vieram fazer neste mundo, nada vai mudar, porque é mais cômodo ficar como está. Mesmo que esteja doendo um pouco!

## Morehouse, 1945

Frank, vizinho de carteira de Martin, observou:
— Nós fomos educados assim.
— Exatamente — Mr. Parker concordou. — Rebelem-se! Não aceitem que as coisas erradas pareçam certas só porque vocês estão acostumados com o erro. Ralph Waldo Emerson dizia que tempos difíceis têm um valor científico, e são ocasiões que um aprendiz não pode perder.

Martin completou:
— Professor, li num livro do poeta Horácio a seguinte frase: "A adversidade desperta em nós capacidades que, em circunstâncias favoráveis, teriam ficado adormecidas".
— Muito bem, Mr. King. E eu diria, citando Platão, que "o livro é um mestre que fala, mas que não responde", e o senhor...
— Mr. Parker, voltando ao assunto, o senhor acha que devemos retribuir com a mesma moeda? — John interrompeu, no fundo da classe.
— Não. É preciso romper o ciclo — ensinou Mr. Parker. — A violência gera mais violência. E um poder só pode ser derrubado por um poder maior. Porém, se esse novo poder é tão forte para acabar com o antigo, que garantia temos de que ele não será tão perverso quanto o outro, apenas mudando a direção da agressão!?
— Mr. Parker, se nos unirmos... — Martin interveio.
— Mr. King disse a palavra mágica: união. Os negros precisam se unir. Mas não para atacar os brancos. Precisam se unir para que os brancos entendam que quando discriminam alguém, não discriminam apenas uma pessoa, mas toda uma raça. E uma raça não é um indivíduo.
— Existe muito branco safado — lembrou John.
— E muito branco honesto também — corrigiu Mr. Parker.
— Assim como existem europeus, asiáticos e sul-americanos de todo tipo e personalidade — completou Martin. — O negócio é não generalizar para não cair no mesmo erro.
— É isso, Mr. King! O senhor foi à essência da questão. E isso nos remete novamente ao grande Platão...

Antes que o professor pudesse voltar ao filósofo grego, o sinal tocou. Os alunos começaram a discutir entre si o que cada um achava da questão do racismo e do modo de agir em relação a ele. No geral, prevalecia o pensamento de que os negros tinham de fazer aos brancos o mesmo que eles faziam aos negros.

# 21

Mr. Bradley, professor de sociologia, era um defensor da guerra como estratégia política. Para ele, o uso da força era justificável.
– Vejam bem, senhores... – filosofava. – Se não fossem as guerras, o mundo estaria estancado. Estaríamos caçando feras para nos alimentarmos, viveríamos quase como animais, dormindo em cavernas. Alguém acha isso interessante?

John respondeu:
– É claro que nós não somos favoráveis a viver em cavernas, Mr. Bradley. Mas qual é a relação que o senhor vê entre progresso e guerra?

A classe se alvoroçou a favor do colega, mas o professor não se intimidou com a turba.
– O que tem a ver, meu caro? Acompanhe meu raciocínio – disse Mr. Bradley. – Nós só crescemos na adversidade. Guerra significa progresso, pois as nações, em conflitos armados, são obrigadas a desenvolver mais tecnologia para vencer o inimigo.
– E as pessoas que morrem na guerra, Mr. Bradley? – interveio Martin.

– Caríssimo – retomou Mr. Bradley, sem perder a pose. – O que o senhor diria das pessoas que morrem de acidentes? Fatalidade, não é mesmo?
– Violência e fatalidade são coisas distintas – observou John.
– Sim, são distintas, mas em ambas está presente a mão do destino.
– A mão do homem, professor – advertiu Martin.

Mr. Bradley não era facilmente convencido, mas em vez de discutir filosoficamente a guerra e os seus motivos, passou a falar sobre números e fatos recentes daquela guerra que se aproximava do fim.

– Acho que o avanço tecnológico que a guerra proporciona não se questiona – começou o professor, num monólogo enfadonho. – Com um exército bem preparado, em fevereiro, os soviéticos tomaram Budapeste e Poznan, e depois avançaram sobre Varsóvia, Cracóvia e Lodz. A Alemanha está sendo invadida por todos os lados. Falta o Japão, mas isso é uma questão de tempo. Nós temos tecnologia suficiente para convencê-los; eles acabarão percebendo que a melhor saída é a rendição. Depois desta guerra daremos um salto, escrevam o que estou falando.

# 22

Obrigado, Senhor, por este alimento... – o reverendo King começou sua oração antes de a família começar a comer. Alberta, Christine, Martin e Alfred o acompanharam, respeitosamente.

Christine fez uma torta de maçã para sobremesa e Alfred foi o primeiro a avançar sobre a gulodice.

– Hum, maninha... seu marido vai ser um sujeito de sorte – disse Alfred, com um bom pedaço na boca.
– Não fale de boca cheia – Alberta advertiu o caçula.
– Hum hum hum hum hum... – Alfred retomou, dizendo algo que ninguém entendia, mas que pelos seus olhos arregalados, se deduzia serem grandes elogios aos dotes culinários de Christine.
– Hum hum pra você também – ela respondeu, gracejando.
Foi a vez de o reverendo King pegar um pedaço da torta de maçã da filha. Christine ficou na expectativa, era a primeira vez que o pai provaria um prato preparado por ela. Ficou esperando uma palavra que fosse, mas o reverendo King sacudia a cabeça para a direita e para a esquerda. Finalmente, deu um estalo na língua e deu seu veredito:
– Hum hum hum hum... Huuum!
– Ah, *papi*... Assim não vale! Diga alguma coisa – Christine reclamou.

*Sala de jantar da casa dos King*

O reverendo fez sinal para que ela ficasse em silêncio e apontou para Martin, que mastigava o seu primeiro bocado. Todos os olhos se voltaram para ele. Expectativa. Martin percebeu que o solo era dele e não se fez de rogado: começou a mastigar fazendo caras e bocas, contorcendo o pescoço, abrindo e fechando os olhos. Christine bateu na mesa, protestando.

– Diga alguma coisa, Martin!

Ele terminou de mastigar, engoliu o último pedaço, puxou o ar do fundo, abriu a boca e respondeu, seco:

– Hum.

– Tô bem arranjada como uma família de humoristas como esta! – falou Christine desalentada.

# 23

Depois do jantar, Larry e Jesse passaram na casa de Martin para convidar o amigo para dar um passeio. Queriam desfrutar de sua companhia e aproveitar para aprender alguma coisa nova.

Martin era pequeno e franzino para sua idade: até Alfred, dois anos mais novo, era maior que ele. Os rapazes maiores o viam como um alvo fácil, por isso Martin sempre evitou o confronto corporal. Jamais foi covarde, mas descobriu cedo que brigar não o levaria a parte alguma, e que o melhor era resolver tudo na base da conversa.

– Eu o admiro por sua tranquilidade, sabe, Martin? – disse Larry.

– Está precisando de dinheiro? Estou sem nenhum – Martin brincou.

– É sério, viu, irmão – replicou Larry. – É que hoje eu coloquei em prática um conselho que você me deu faz um tempinho...
– Progresso à vista! – Jesse vibrou. – Conte pra gente. Não tem nada a ver com os tesouros do céu, né?
– Você não esquece isso, Jesse? Será possível que vou ficar marcado por essa coisa?
– Suponho que sim – arriscou Martin. – Mas diga o que você aprendeu hoje, Larry, estou curioso.
– Eu também – confirmou Jesse.
Larry ficava cheio de ginga quando ia contar algo. Parecia que falava com os ombros, a cintura, o pescoço. Remexia todo o corpo para interpretar uma história, era o seu jeito. Ele começou:
– Bem... a lição que eu aprendi tem a ver com aquele provérbio de "oferecer a outra face", confere? – olhou para Martin, que confirmou acenando a cabeça positivamente. – Então, pelo que eu entendi, quando alguém faz uma coisa que a gente não gosta, em vez de sair no braço com a figura, o negócio é dialogar, certo?
– O diálogo é sempre melhor que a agressão – disse Martin.
– Pois bem, profeta. Hoje um sujeito me fez uma coisa bem chata, sabe, disse que eu era inferior por ser negro. Pô, irmão! Discriminação pura! Na hora o sangue subiu e eu ia responder na linguagem da pancadaria, mas me lembrei daquela epístola que você contou de Jesus...
Martin corrigiu:
– Parábola!
– É parábola, epístola, sei lá... só sei que pensei naquilo: *faça aos outros o que você quer que façam pra você* – Larry recordou. – E me deu um clarão na mente, sabe, lembrei dessa frase e a coisa me acendeu uma luz lá dentro. Aí eu falei assim pra mim mesmo: esse sujeito está enganado a meu respeito, portanto, está fazendo um julgamento errado. E se está fazendo um julgamento errado, não é de mim que ele está falando.
– Muito bem, Larry – Martin comemorou. – É por aí mesmo.

– Calma que não acabou, irmão – ele retomou. – Então, veja bem a linha do meu raciocínio: se não é de mim que ele está falando, não está me agredindo, porque eu sou outra pessoa. E tem mais: esse sujeito precisava de uma chance, então eu... – Larry fez suspense – ofereci a outra face!
– Que outra face? – indagou Jesse.
– O seu amigo Larry, este que vos fala, mostrou ao sujeito uma outra face da questão, uma outra maneira de ver a coisa, um jeito que até então ele não estava percebendo. Iluminei a vida dele! Confere, Martin?

Martin deu um sorriso de satisfação.
– Sabe o melhor de tudo, pessoal? – Larry continuou. – Eu me senti superior quando não entrei naquela onda de agressividade. Não vou dizer que foi fácil esfriar a cabeça, isso não foi mesmo, mas depois que a coisa passou... Puxa vida!... Eu era outro Larry. Descobri que não preciso me engalfinhar pra mudar o ponto de vista de quem está enganado a meu respeito.

– Parabéns, Larry – Jesse cedeu.
– E o melhor ainda está por vir – Martin completou. – Daqui a pouco você vai começar a não se incomodar com o ponto de vista alheio. Pouco importa a opinião dos outros, desde que você esteja convicto de que está certo.
– Quanto a isso, você é o grande exemplo – replicou Larry. – É o sujeito mais teimoso da face da Terra. Você é mais teimoso que uma mula! Não, é pior. Martin, sabe qual a imagem que você me passa? Um bode velho, lá no alto das Montanhas Rochosas, teimando contra o universo.

Martin divertiu-se com a comparação; não estava muito longe disso:
– Melhor errar com a minha cabeça do que acertar com a dos outros!

# 24

Mr. Parker entrou na classe e encontrou os alunos desanimados. Assim que colocou o material sobre a mesa, levantou o tom e começou a falar, como se tivesse sido ligado numa tomada.
– Outro dia nós conversamos sobre Platão, e eu estive meditando sobre esse homem excepcional. O que sabemos da vida pessoal de Platão? Quase nada. E o que importa para nós se Platão teve mulher, filhos, se gostava de frio ou calor? Não tem a menor importância, porque, na verdade, ele dedicou sua vida ao pensamento, e esse é o seu legado.
John observou:

– Mr. Parker, eu li um artigo de Ralph Waldo Emerson sobre Platão, e ele diz que depois de Platão há pouca originalidade no pensamento. O senhor concorda?
– De certa maneira, sim – respondeu Mr. Parker. – Platão situa-se entre a verdade e a mente de cada homem, e não seria exagero dizer que imprimiu a língua e as formas primárias do pensamento com seu nome.
– Eu conheço uns caras que falaram que filosofia grega é história pra boi dormir, que a gente deveria pensar em coisa útil, estudar matemática, por exemplo – disse Frank, provocando uma gargalhada na classe.
Mr. Parker não se desestabilizou. Manteve a calma. Esperou a classe parar com a chacota e disparou:
– Na verdade, esses caras têm razão – começou Mr. Parker, para espanto dos alunos. – A razão, como dizem os franceses, é a rainha do mundo. Toda vez que você ouvir uma besteira solene como essa, Frank, lembre-se de uma coisa: opinião e umbigo todo mundo tem.
John tomou as dores do colega:
– A gente precisa respeitar a opinião dos outros, mesmo que seja diferente da nossa, Mr. Parker.
– Evidente que sim – respondeu o professor. – O que não significa que a gente não deva contestar as bobagens que são ditas por ilustres filósofos de porta de banheiro.
– Mas as pessoas têm direito...
Mr. Parker foi seco:
– Têm direito e também têm esquerdo. Esse não é o ponto. Além do mais, eu não gostaria de estender o assunto rebatendo opiniões. Estamos falando de algo mais sublime, o pensamento platônico, influência fundamental na vida de grandes homens. E por falar em grandes homens, vou lembrar vocês de um grande poeta italiano, Dante Alighieri. Sabe como ele se referia a esse tipo de gente que vive a dar palpite, apenas por dar palpite, sem se aprofundar? *São pessoas que anoitecem antes de entardecer.*
– Arrasou! – Martin vibrou.

– E tem mais – prosseguiu Mr. Parker. – Dante disse o seguinte: *Não cuide dos mesmos, olha e passa*!

# 25

Depois do jantar, enquanto saboreavam um delicioso doce de pera preparado por Alberta, Martin comentou sobre a aula de filosofia:
– Chris, você precisa conhecer uma frase de um poeta italiano. *Existem criaturas que anoitecem antes de entardecer...*
– Quem? O Dante Alighieri? Estamos estudando *A Divina comédia*. Esse Dante era bem malucão, hein *papi*?!
O reverendo King não se conteve; seus filhos viviam falando gíria, ele se divertia com aquele linguajar arejado da juventude.
– Malucão e sabichão! – consentiu o reverendo King.

# 26

No dia seguinte, Christine estudava na sala, Alfred estava estirado no sofá, tirando uma soneca, abraçado a duas almofadas. Martin chegou da faculdade e subiu para seu quarto. Estava empolgado

## Morehouse, 1945

com as aulas de filosofia, queria estudar um pouco para o dia seguinte.

Alfred acordou e espreguiçou-se demoradamente. Christine continuava concentrada, tentando resolver uma equação matemática.

– Ei, Chris, traga um copo de água pra esse irmãozinho querido – disse Alfred.

– Não ouvi – ela respondeu.

– Um copo de água – ele repetiu.

– Um copo de água... – Christine balbuciou, sem prestar atenção.

– Chris! Ô Chris! Planeta Terra chamando! Aqui! Úuu...

– Alfred, por favor, estou estudando.

– Ah, maninha, traz um copinho de aguinha pro seu irmãozinho queridinho!

– Não posso – Christine respondeu, sem tirar os olhos do caderno.

– Chris! – insistiu Alfred.

– Saiu – ela disse tentando não prestar atenção em Alfred.

– Irmã queridaaaaa!

Christine achou melhor fingir que não estava ouvindo nada, quem sabe assim Alfred a deixaria estudar em paz. Ele estava a fim de perturbar. Depois de mais duas tentativas sem êxito, Alfred pegou uma das almofadas e jogou na irmã.

– Alfred, me deixa em paz! – ela protestou.

Martin ouviu o burburinho e pediu aos irmãos que fizessem silêncio para ele poder se concentrar no livro. Alfred, porém, estava querendo mesmo azucrinar a irmã.

Ficou fazendo ruídos, chamando por ela, pedindo água, um pedaço de torta de maçã, enfim, qualquer coisa que a distraísse. Então Christine se irritou de verdade e deu um berro que foi ouvido na vizinha. Nem isso fez Alfred parar com as provocações. Christine começou a chorar.

Martin desceu para tentar resolver a situação, mas Alfred estava atacado e passou a hostilizar o irmão.

– Fique calmo, baixinho, está tudo sob controle – Alfred zombou. – O meu controle, rá rá rá...

Mesmo com argumentos serenos, tentando fazer Alfred perceber que estava extrapolando em sua criancice, não conseguiu fazê-lo ficar sossegado, e começou a dar sinais de irritação. O efeito dessa irritação foi uma festa para Alfred; sentindo-se vitorioso, passou a se comportar com deboche, zombando de Martin e abusando de sua paciência.

– Alfred, brincadeira tem limite – Martin alertou.
– Alfred, brincadeira tem limite – Alfred imitou o irmão.
– Eu estou avisando – Martin advertiu, meio descontrolado.
– Eu estou avisando – remedou Alfred.
– Você vai levar o seu! – Martin ameaçou. – Você está pedindo.
– Você vai levar o...

Não conseguiu terminar a frase. Martin pegou o telefone e bateu na cabeça do irmão, que se levantou apressadamente e fugiu para a rua, com um galo na testa.

Durante alguns dias, para Alfred, aquele galo na cabeça era como um troféu; para Martin, era motivo para sentir-se culpado e uma derrota, porque acabou perdendo o autocontrole. Justamente ele, admirador da não violência, em sua própria casa, agrediu o irmão mais novo.

Foi uma semana dura para Martin, que preferiu se isolar para pensar no assunto. Dedicou suas tardes a ler e a meditar embaixo do carvalho no quintal ao lado. Martin não se perdoava por ter agredido o irmão.

Morehouse, 1945

# 27

Durante a semana, Jesse e Larry tentaram falar com Martin, mas foi em vão. Ele pediu que Christine dissesse aos amigos que estava em época de provas, que precisava descansar e ia pra cama logo após o jantar. Não era verdade.

Depois de comer, conversou um pouco com o reverendo King e foi para o quintal do vizinho meditar sob o carvalho.

A lua cheia deixava o céu de Atlanta com um azulado mágico, algumas estrelas cintilando mais forte faziam da noite um espetáculo natural. Encostado na velha árvore, Martin pensava na sua vida, no que estava fazendo e naquilo que desejava realizar no futuro. Como todo jovem, tinha algumas certezas e muitas dúvidas. A grande certeza era de que não aceitaria continuar a ver seu povo destratado e, por isso, lutaria com toda energia para acabar com tal injustiça, dando a própria vida, se necessário.

Seu avô materno, Daniel Williams, foi um dedicado pastor na Igreja Batista Ebenezer, e ao lado de sua avó, Jennie, era uma referência para os negros da Geórgia. O reverendo King era continuador da obra do avô, e toda a comunidade negra de Atlanta esperava que ele fosse o próximo pastor da Ebenezer, uma sucessão natural.

Martin era um devoto estudioso das Escrituras, inspirava-se nos sermões que ouvia nos cultos dominicais, mas tentava encontrar um elo entre o ensinamento cristão e a prática política. A discriminação racial era uma questão política, isso era claro para ele. O que ainda não estava totalmente elucidado em sua mente era a maneira de agir contra essa injusta situação.

Absorto, mirou a lua. Seus olhos se fixaram naquele corpo celeste luminoso. Distraiu-se do mundo, não ouvia mais o barulho de crianças brincando de correr, andando de bicicleta, nada.

Martin e a lua, a lua e Martin: um só pensamento ocupando sua cabeça brilhante: ah, se a lua contasse tudo o que vê... *Lua, amiga lua que frequenta o céu desde sempre... me conta, lua, como devemos agir para transformar o coração duro dos homens... Lua soberana, criação do Pai, mande um recado pelo seu luar, mexa com minhas águas, como você mexe com as marés, lua... nós não somos nada, somos insignificantes diante da grande obra de Deus, oh, lua... por que existe tanta ignorância? Por que tanta luta vã se tudo se reduz a pó! Eu sei que preciso cumprir o meu destino... Lua, algo me diz que não nasci para ser mais um, meu coração não suporta viver num mundo injusto... Preciso fazer alguma coisa... alguma coisa diferente... Lua, lua, lua... que espécie de luta devo empreender?*

Uma estrela cadente riscou o céu. Martin não sentia os pés. Foi tomado por um sentimento estranho, como se rasgasse o peito para colocar todo o amor do mundo lá dentro.

– Amor, eis a resposta – intuiu.

Uma passagem evangélica veio à sua mente. Quando os escribas e fariseus quiseram colocar Jesus numa situação embaraçosa, perguntando-lhe qual era o mandamento mais importante, ele respondeu:

Amar a Deus sobre todas as coisas. Amar o próximo como a ti mesmo.

A noite azulada de Atlanta produzia milagres no coração de um pacífico guerreiro jovem. Sem ouvir palavra, Martin soube o que deveria fazer. A lua da noite emanou algo que penetrou seu coração. Melhor calar.

– Se contar pra alguém que a lua me deu uma mensagem, vão me mandar catar conchinhas em Pensacola.

Morehouse, 1945

# 28

Sábado à noite, Alberta pediu que Martin e Chistine ajudassem a preparar o almoço de domingo para que ela pudesse ir ao culto da manhã seguinte. Martin gostava dessa tarefa, e desde que *mama* Jennie era viva, ele estava sempre pronto a ajudá-las. Às vezes o reverendo King aparecia e ficava conversando com eles, fazendo companhia enquanto trabalhavam.

Martin foi acender o forno e tirar o lixo, Christine foi descascar as batatas.

– Está terminando o ano escolar, preciso arranjar alguma coisa pra fazer – disse Christine.

– Eu também – Martin concordou. – O meu chefe no jornal falou que assim que terminar o ano escolar vai me dar trinta dias de férias.

– Que moleza! – Chistine brincou. – Parece o pudim da vovó. Ah, se eu tivesse um trabalho assim... Você não vai todo dia ao jornal, às vezes fica em casa estudando ou jogando beisebol.

– Irmã, não se esqueça que eu sou coordenador da equipe de entregadores. Não preciso ficar lá o tempo todo. Meu trabalho é mais intelectual. Enquanto estou em casa, estou bolando novas maneiras de ser eficiente.

Alberta interveio:

– Martin está certo. Mamãe dizia que quando a cabeça não pensa, o corpo padece. E não seja injusto com seu irmão. Ele nunca falta às reuniões de programação semanal, às segundas-feiras.

– Calma, *mami*, eu estava brincando – esquivou-se Christine.

– Chris, não cutuque a fera com vara curta – advertiu o reverendo King.

– Se falar mal das minhas crianças, viro bicho mesmo! – Alberta esbravejou.
– Crianças, mamãe? Crianças... Ora, ora... Esse seu bebê vai fazer 17 anos! – Christine provocou.
– Para mim é criança... – Alberta falou. – E essas batatas? São pra hoje?

# 29

Aproximava-se o final das aulas do primeiro ano do colegial, e Martin tentava achar uma maneira de ganhar dinheiro para pagar o ano seguinte. Ficou sabendo que havia uma maneira de conseguir um bom dinheiro, apesar de não ser nada fácil: trabalhar nos campos de tabaco em Simsbury, Connecticut.

Jesse, Larry, Alfred e outros amigos estavam decididos a fazer esse *sacrifício*, porque sabiam que, se economizassem, voltariam para casa com algo em torno de 400 a 500 dólares – para Martin, essa quantia era suficiente para custear seus estudos.

Havia um atrativo a mais em trabalhar em Connecticut, isto é, a oportunidade de usufruir da liberdade do Norte do país.

O reverendo King aprovou a ideia dos filhos. Considerou que o trabalho no campo daria a eles a oportunidade de estar em comunhão com a natureza. E também de experimentar o tipo de vida que ele próprio havia tido até os 15 anos de idade.

Alberta não discordou do marido, mas ficou preocupada com seus "meninos" e fez muitas recomendações.
— Não se esqueçam de se alimentar direito, hein! Ah, tomem cuidado com escorpiões na plantação. Quero que vocês se agasalhem na hora de dormir. E não se esqueçam de escovar os dentes após as refeições. Mandem notícias. Se precisarem de alguma coisa, avisem logo que nós vamos imediatamente para Connecticut...

Alberta virou a atração na estação rodoviária, tamanha a preocupação com Alfred e Martin. Jesse e Larry também foram alertados por ela, como se fossem seus filhos. Ela era uma mãezona.

O ônibus partiu.

Da janela, os meninos de Alberta e do reverendo King acenavam. Ele acenou satisfeito por ver seus filhos tomando a iniciativa, agarrando a oportunidade; ela não conseguiu conter uma lágrima solitária que escorreu em seu rosto.

Chegaram a Simsbury e o capataz da fazenda nem esperou eles respirarem o ar puro do campo: indicou o alojamento em que ficariam e logo os escalou para trabalhar.

Era um trabalho duro, colhendo e desfiando as folhas de tabaco nos campos que pareciam não ter fim, um dia depois do outro, sem descanso, debaixo do calor do sol causticante.

A recompensa vinha nos finais de semana: Martin, Alfred, Jesse e Larry iam para a cidade com os amigos da fazenda e aproveitavam a liberdade para ir ao teatro ou comer num bom restaurante que pudessem pagar.

Uma das companhias constantes nessas idas à cidade era um rapaz de 20 anos, chamado Malcolm,[****] de Omaha, no Nebraska, cujo pai, Earl Little, pastor batista, foi um dos organizadores da *Associação Universal para a Melhoria da Condição do Negro*. Por conta da luta de seu pai, Malcolm, ainda criança, viu sua casa ser incendiada por membros do grupo supremacista branco Ku Klux Klan e, dois anos depois, foi vítima de outras duas tragédias em razão da discriminação racial: ficou órfão — seu pai foi assassinado quando ele mal tinha completado seis anos de idade — e sua mãe, como consequência daqueles acontecimentos, foi internada numa instituição para doentes mentais.

Ao contrário de Martin, Malcolm tinha ideias bastante agressivas em relação aos brancos e não escondia de ninguém sua filosofia do "olho por olho, dente por dente".

Malcolm e Martin foram discutindo no ônibus, a caminho da cidade.

– Se essa sua política ao menos funcionasse... – Martin argumentou.

– E se comportar como um cordeiro funciona, hein!? – Malcolm retrucou.

*Luther King e Malcolm*

– Não acho que devemos agir como cordeiros – Martin replicou. – O que eu defendo é uma maneira inteligente, com uma estratégia política que faça a coisa funcionar.

Malcolm foi irônico:

– Não vai me dizer que você aprova o método daquele indiano?

– Gandhi?***** Claro que aprovo – respondeu Martin. – Você não pode negar que deu resultado. A não violência e Gandhi libertaram a Índia do domínio inglês.

– Balela! – Malcolm contestou. – Os ingleses já estavam de saída...

– Gandhi fez com que eles arrumassem as malas mais depressa – interveio Martin.

Malcolm era revoltado com sua situação, sofreu muito quando foi colocado em uma instituição para delinquentes, tempos antes.

## Morehouse, 1945

– Escute aqui, irmão, você não tem noção de como os brancos são sacanas – disse Malcolm. – Fui mandado para uma instituição em Mason e terminei o segundo grau em primeiro lugar. Mas fui desencorajado a continuar estudando por causa de minha raça.

– A gente não concorda com isso, Malcolm, não concorda mesmo! – Larry protestou.

– Se não fosse a minha irmã... – Malcolm demonstrou tristeza na voz. – Mudei-me para Roxbury, um bairro predominantemente negro de Boston. Pouco tempo depois de minha chegada, consegui um emprego como engraxate.

– É um começo – incentivou Alfred.

Malcolm não gostou da observação de Alfred.

– Começo de uma vida sem perspectiva, irmão. Depois consegui um emprego como carregador em vagão-restaurante da estrada de ferro, e fui trabalhar fora de Roxbury. Segui então para o Harlem, em Nova York, e acabei me envolvendo em roubo, prostituição e drogas.

Jesse, Larry e Alfred estavam abismados com a confissão de Malcolm. Apenas Martin manteve a calma:

– Acho que você percebeu que estava indo por um caminho que não levava a lugar nenhum, não, Malcolm?

– Estou dando um tempo.

– É bom pra arejar a cabeça – disse Larry.

– Assim que acabar essa história aqui em Connecticut, acho que vou voltar pra Nova York... – disse Malcolm.

Martin pediu que Malcolm fosse sincero:

– Você está foragido?

O ônibus freou bruscamente, alguns passageiros caíram sobre os outros. O motorista pôs a cabeça pra fora e gritou com um homem que ameaçara atravessar a rua e quase fora atropelado. Antes de retomar o seu curso, o motorista voltou-se para os passageiros e praguejou:

– Só podia ser preto mesmo, viu!

Malcolm olhou para Martin. Nos seus olhos havia fúria. Martin sorriu:

– É um ignorante.
– A vontade que eu tenho é de explodir a cabeça desse sacana... – Malcolm confessou.
– Mas não vai. Está encrencado e precisa andar na linha – Martin aconselhou.
– Você é meio frouxo, sabia? – debochou Malcolm.
– Engano seu. Sou firme como uma rocha. E suave como um pombo – respondeu Martin.
– Cuidado, pombinho, eles podem atirar em você.
– Em você também.

# 30

No final das "férias", ao voltar para Atlanta, Martin contou a Jesse que estava seguro quanto à decisão mais importante de sua vida.
– Desta vez a coisa é pra valer. Senti o chamado de Deus. Estou decidido a seguir o caminho de meu avô e de meu pai: vou ser pastor.
– Que lindo, irmão! – vibrou Jesse. – Uma decisão que veio do fundo do coração, não é mesmo?
– Sabe o que me fez sentir esse desejo intenso? Observei que nos campos de tabaco, 99% dos trabalhadores são negros, sem instrução, sem perspectiva alguma de melhorar de vida. Foi duro para mim, lembrei do meu avô paterno...
A paisagem provisória preenchia a janela do ônibus: pastos, gados, plantações de algodão, casas ao longe, árvores centenárias, tudo passava num átimo, para o deleite do olhar.

Morehouse, 1945

Martin olhava ao longe, seu pensamento vagava.
"Serei pastor", ele pensava. "Essa é a melhor maneira de servir meu povo".

# 31

Em 1948, aos 19 anos, Martin formou-se bacharel em sociologia pelo Morehouse College, e naquele outono se matriculou no Crozer Theological Seminary em Chester, Pensilvânia.

*Formatura de Luther King*

# Crozer
# 1948

*Reverendo King, Dona Alberta, Martin, Alfred e Christine.*

# 32

Aos 19 anos de idade, Martin matriculou-se no Crozer Theological Seminary em Chester, Pensilvânia, graças à bolsa de estudos que ganhou por seu excelente desempenho escolar. Martin estava certo da direção que pretendia dar à sua vida e a cada dia aumentava o seu interesse por religião e filosofia. Acreditava que encontraria nos livros o conhecimento que faltava para lutar contra a injustiça; gostaria de ser um tipo de pastor que, além da salvação do espírito, também salvasse o corpo.

O dia estava quente; Martin foi até o velho carvalho para meditar. Alfred estava na igreja com o reverendo King; Christine e Alberta tinham ido ao mercado comprar mantimentos.

Sentou-se debaixo do carvalho, fechou os olhos e respirou profundamente. Sentiu o corpo leve, integrado à natureza. O estado de tranquilidade tomou conta de seu ser. Não havia diferença entre o carvalho e ele, o chão e os pés; mergulhou em seus sentidos e deixou os pensamentos soltos.

Estava feliz por ter sido um aluno brilhante no Morehouse e pretendia repetir o feito no Crozer. Claro que as coisas seriam bem diferentes: sua vida não se resumiria a estudar, trabalhar e sair com os amigos. Na Pensilvânia, a realidade era outra: estaria a quase mil quilômetros de casa e a competição seria com alunos brancos. Forçosamente, desenvolveria um novo sentido de responsabilidade.

Desafio – essa palavra não o assustava; pelo contrário, sentia-se estimulado a enfrentar novas provas. E as superaria, não tinha dúvida.

Martin gostava das motivações proporcionadas por situações novas. Não era do tipo que abandonava a luta. Para ele, a luta terminava quando ele vencia, e enquanto não vencesse, não desistia. Jesse brincava dizendo que a página do dicionário que continha a palavra desistir havia sido arrancada por Martin.

Uma brisa leve trouxe Martin de volta de sua viagem. Uma folha trazida pelo vento tocou seu rosto. Para ele, aquilo era a mão de Deus. Sentiu-se acariciado. Abriu os olhos. Aquela visão tão comum, que ele havia vivenciado tantas vezes, sentado sob o carvalho, renovou sua alegria.

Era uma paisagem simples: um terreno com mato, flores silvestres e pássaros que eventualmente pousavam para sorver o néctar. Porém, quando se sente a união com a natureza através do amor universal, tudo se renova, uma luz se acende.

Martin tornou a cerrar os olhos, relaxou completamente e adormeceu.

Uma hora depois, a algazarra de garotos com tacos de beisebol funcionou como um despertador. Hora de levantar e cuidar da vida. Aproximava-se o dia da mudança. Precisava arrumar as coisas, despedir-se dos amigos, acertar detalhes.

# 33

Sua família e os amigos fiéis, Larry e Jesse, foram levá-lo à estação rodoviária. Alberta e Christine não conseguiram conter as lágrimas; o reverendo King, Alfred, Jesse e Larry gritaram palavras de incentivo, e Martin ficou emocionado.

Da janela do ônibus deu adeus a Atlanta. Nova vida o esperaria na Pensilvânia.

Ao chegar em Chester, Martin percebeu que o preconceito existia, mas não era tão descarado como na Geórgia. Não havia placas escritas "Somente para brancos", mas apenas um tolo não sentiria a diferença de tratamento.

Em Crozer, Martin era um dos seis alunos negros. Havia aproximadamente cem brancos, por isso ele sabia que seu comportamento escolar – e também fora da sala de aula – estaria sendo observado; assim, cada passo deveria ser bem pensado.

Martin determinou-se a agir da maneira mais correta possível para não dar margem a comentários maldosos ou injustos. Ele e os outros cinco estudantes deveriam servir de exemplo para o povo negro.

Apesar dessa precaução, Crozer era uma escola tranquila; Martin era excessivamente zeloso.

Na primeira semana de aula, Martin conheceu vários rapazes, brancos e negros, e como fazia amizade facilmente, logo se enturmou.

Chuck e Peter – o primeiro negro, o segundo, branco – ficaram admirados pelo fato de Martin ter lido muitos livros de filosofia e sociologia e tornaram-se seus camaradas; na hora do intervalo, formavam uma rodinha animada para conversar e contar vantagem. Coisa normal entre pessoas que estão se conhecendo.

Porém, nem todos eram amistosos. Bill, que viera da Carolina do Norte, cabelos avermelhados e cheio de sardas no rosto, não estava tão disposto a aceitar colegas negros. Chuck notou que Bill se referia aos negros usando a palavra *escuro*, uma maneira pouco sutil de insultá-los.

– Veja só, irmão – reclamava o inconformado Chuck. – Eu saio do Alabama para ser desrespeitado na Pensilvânia. É muito pra minha cabeça. É ou não é?

– Sei lá, Chuck. Essas coisas acontecem muito no Sul – ponderou Martin. – Será que você não tem algum preconceito em relação ao Bill? Nunca notei nada...

– Santa ingenuidade! – tornou Chuck. – Acho que você é muito puro. É isso.

– Antes fosse – Martin respondeu, esperançoso.

Os alunos gostavam de passar trotes nos grupos de outras salas, e uma brincadeira comum era invadir o dormitório e revirar tudo, deixando-o do avesso, fazendo o maior fuzuê possível. O estrago era tão grande – viravam até as mesas e cadeiras de pernas para o ar – que o grupo premiado levava um bom tempo para colocar ordem na bagunça.

Bill gostava de bagunçar o dormitório dos outros. Porém, no dia em que ele próprio foi vítima da brincadeira, sua atitude surpreendeu a todos – menos Chuck.

– Escuta aqui, ô escurinho, que história é essa de zonear o meu quarto? – ele disse a Martin, que negou ter feito a brincadeira.

– Você está enganado, Bill, não fui eu.

– Ah, não foi você? Então quem foi? O bicho-papão? Ou a bruxa malvada?

Martin não se intimidou com a cólera que havia tomado conta de Bill:

– Não posso responder porque eu estava na biblioteca...
– Pior do que ser um *crioulo* safado é ser um mentiroso descarado! – Bill perdeu o controle.

Martin respirou fundo e afastou os pensamentos ruins da cabeça.

"É a expressão da ignorância", pensou, encarando Bill nos olhos.

– Tá olhando o quê?! Tá me achando com cara de babaca?! Você vai levar uma lição pra nunca mais se atrever... – e sacou um revólver, ameaçando atirar em Martin.

Os colegas foram se aproximando e cercaram os dois. Peter acabou convencendo Bill a abaixar a arma.

# 34

A turma do "deixa disso" acabou conseguindo apaziguar os ânimos e a encrenca acabou ali, mas a notícia chegou aos ouvidos de Mr. Gottlieb, o diretor, que mandou chamar Martin.

– O senhor poderia me relatar o que aconteceu no dormitório, senhor King?

– Pois não, senhor – respondeu Martin. – Aconteceu um pequeno incidente por conta de um engano de um colega, mas tudo foi resolvido.

– O senhor está me dizendo que não há mais nada agora – retomou Mr. Gottlieb com firmeza. – Porém, minha pergunta não foi feita no presente, mas no passado: o que houve no dormitório? É só o que eu quero saber.

Crozer, 1948

– Desculpe, senhor. Houve um pequeno incidente, eu já disse.
– Certo, Mr. King. Que tipo de incidente? É verdade que um aluno apontou-lhe uma arma?
– Bem... – Martin desconcertou-se. – Não estou reclamando de nada.
– Mas admite que apontaram-lhe uma arma?
– Sim, Mr. Gottlieb.
– Isso é grave – o diretor falou, cofiando o bigode. – O senhor deseja fazer uma reclamação oficial contra o autor dessa insanidade?
– Para ser sincero, Mr. Gottlieb, prefiro esquecer o assunto.
– Pense bem, Mr. King. É uma falta grave.
– Sim, senhor. Mas eu o perdoo por esse ato impensado.

— Perdoa? — admirou-se o diretor. — Um homem aponta uma arma em sua direção, ameaça tirar sua vida e o senhor diz que o perdoa?
— Sem dúvida — Martin respondeu, firme.
— Ele poderia ter atirado e... — o diretor embasbacou-se.
— É verdade. Poderia ter me matado.
— E... — Mr. Gottlieb deixou a conclusão para Martin.
— E nada mais. Mataria meu corpo, mas não mataria a minha convicção.
Mr. Gottlieb largou-se e caiu sentado na cadeira, sem acreditar no que acabara de ouvir:
— E qual é a sua convicção, Mr. King? — perguntou.
— Não devemos pagar com a mesma moeda. Na Epístola aos Romanos Paulo diz: "Não vos vingueis vós mesmos, amados, mas deixai manifestar-se a ira de Deus; porque está escrito: *Minha é a vingança; Eu retribuirei*", diz o Senhor.
— Parabéns, Mr. King, é uma convicção virtuosa, porém, aqui no mundo dos simples mortais, minha autoridade precisa ser exercida. A paz deve ser mantida a qualquer custo. Vou chamar o autor do ato impensado para saber qual é a versão dele. O senhor está dispensado.
— Até logo, Mr. Gottlieb.
Martin abriu a porta e pôs o pé para fora. O diretor chamou-o:
— O senhor tem certeza de que não quer fazer uma reclamação formal?
— Absoluta, senhor.
Bill ficou preocupado quando soube que Martin estava conversando com o diretor. E ficou mais preocupado ainda porque descobriu que o autor da brincadeira havia sido Terry; e ele quase atirara num homem inocente. O bedel foi buscá-lo no dormitório.
Depois de conversar mais de uma hora com Mr. Gottlieb, Bill saiu da sala acompanhado do diretor e foi até o pátio, onde todos os alunos estavam reunidos.
Na frente de todos os colegas, Bill admitiu o erro:

Crozer, 1948

– Eu quero pedir desculpas ao Martin e também aos meus colegas pela minha atitude. Estou envergonhado do que fiz. Prometo que isso nunca mais vai se repetir. Errei duas vezes: em primeiro lugar, porque Martin realmente não teve nada a ver com a brincadeira; em segundo lugar, porque sempre fiz esse tipo de brincadeira com os outros, portanto deveria ter aceitado quando fizeram comigo. Mais uma vez eu quero dizer que estou arrependido, e pedir ao Martin que me perdoe.

Martin balançou a cabeça, tentando minimizar a situação, mas Bill foi enfático:

– Foi uma lição que nunca mais vou esquecer. Agora eu entendo de verdade o provérbio "não julgue para não ser julgado". Eu estava julgando Martin. Aliás, estava prejulgando, pelo fato de ele ser negro. Martin – e Bill dirigiu-se diretamente a ele –, até hoje eu pensava que os brancos eram superiores, mas você se mostrou muito superior a mim. Obrigado, irmão. Eu já pedi desculpas ao Mr. Gottlieb na sala dele, mas quero fazer isso publicamente.

Bill abaixou a cabeça em sinal de humildade, pôs as mãos nos olhos e não conseguiu disfarçar a emoção: as lágrimas se precipitaram em seus olhos.

Um silêncio tomou conta do pátio, ninguém olhou para o lado para comentar com o colega, não se disse palavra. Chuck olhou para Martin. Ele se mantinha altivo, impassível; seu olhar emanava bondade. Terry tomou a iniciativa e bateu uma palma, forte. O eco espalhou o barulho pelo pátio. Em seguida, outro aluno respondeu, batendo uma palma, também com bastante energia. Outro deu sequência, e mais outro e mais outro: em um minuto todo mundo aplaudia fervorosamente. O som batia nas paredes e voltava mais intenso. O ritmo das palmas foi se acelerando, acelerando, e tornou-se frenético.

Pássaros migrantes de plumagem branca cruzaram o céu azul. Os alunos se dispersaram, sem atropelo. A paz reinava novamente no Crozer. Mr. Gottlieb ficou satisfeito porque o amor foi mais eficiente que qualquer autoridade.

Martin e Bill tornaram-se grandes amigos.

# 35

No Crozer, Martin dedicava-se a estudar o Evangelho de Jesus, além de livros de grandes líderes. Ele tinha predileção especial pelo líder indiano Mohandas Gandhi, chamado de Mahatma Gandhi. Mahatma significa "grande alma", e era isso que Martin pensava de Gandhi, pois utilizando a filosofia da *não violência*, ele libertou a Índia da opressão dos colonizadores, a Inglaterra.

Gandhi rebelou-se contra as leis injustas que oprimiam os indianos e foi mais longe que Thoreau, ensinando o povo indiano a quebrar as regras de leis severas e injustas. O ensinamento de Gandhi era simples: o povo deveria aceitar ser preso, aceitar a agressão policial – sem correr e também sem lutar.

Para Gandhi, a única maneira de conseguir o objetivo principal – a libertação do povo indiano – era através do amor, e não do ódio. Dessa maneira, Gandhi conseguiu mobilizar toda a nação numa luta determinada até a vitória. A opinião pública mundial ficou ao seu lado, contra os ingleses, que eram violentos e se apoiavam em leis injustas.

– É isso, Chuck! – vibrou Martin ao comentar com o amigo. – Resultado! O que interessa é o resultado.

– Não sei... – duvidou o amigo. – Será que esse método funciona mesmo?

– Funciona – garantiu Martin. – Funcionou na Índia, vai funcionar aqui também. Precisamos imitar esse exemplo. Nós, negros, sofremos injustamente porque nos concedem apenas meia liberdade.

– A questão é: por conta de toda essa injustiça, nossos irmãos negros têm muito ódio dos brancos. Quero ver você resolver isso – desafiou Chuck.

– Eu sei, mas precisamos tirar da mente do povo negro esse tipo de ideia que não leva a nada.
– Mas... será possível que você não entenda a razão desse ódio, Martin?
– Entendo. Mas não concordo. O ódio é a força mais destrutiva do universo; e a vingança é uma paixão perigosa que leva à destruição. Aconteça o que acontecer, não convém guardar rancor. Devemos ter a líquida certeza de que os males não ficam impunes... Mas que a punição fica a cargo do Senhor.
– Você vai ter trabalho... – previu Chuck.
– Nunca tive medo de trabalho.
– Cabeça-dura! – brincou Chuck.
– Miolo mole – Martin retrucou.
– Como, quando e onde você vai transmitir essas ideias?
– Não vai ser fácil – Martin cedeu. – Temos que ter paciência e aguardar o momento apropriado. Mas como dizia Benjamin Franklin, devemos criar as oportunidades e não somente encontrá-las.
– Martin, filósofo cabeça-dura! – divertiu-se Chuck.

# 36

No final de semana, os estudantes saíam para passear, e Martin, ao contrário, ficava recolhido em seu "ninho", lendo, estudando e meditando. Tinha um caderno só para anotar frases de grandes pensadores.

Bateu uma saudade de Atlanta: as brigas com Alfred, o carinho de Christine, o amor de seus pais, e as conversas filosóficas que tinha com Jesse e Larry.

– Chuck, vou mandar uma carta para Jesse e Larry com algumas das minhas frases favoritas. Acho que eles devem estar precisando de uma injeção – Martin falou ao amigo.

– Vai fundo, irmão – Chuck animou-o, enquanto folheava um livro.

– É isso aí – concordou Martin. – Vou selecionar o suprassumo da sabedoria.

E escreveu, entre tantas:

De Gandhi: *O homem não pode fazer o certo numa área da vida enquanto está ocupado em fazer o errado em outra. A vida é um todo indivisível.*

De Thomas Edison: *A não violência leva-nos aos mais altos conceitos de ética, o objetivo de toda evolução. Até pararmos de prejudicar todos os outros seres do planeta, nós continuaremos selvagens.*

De Shakespeare: *Alguns nascem grandes, outros atingem a grandiosidade e alguns têm a grandiosidade lançada sobre si.*

De Galileu Galilei: *Não se pode ensinar alguma coisa a alguém, pode-se apenas auxiliar a descobrir por si mesmo.*

De Sócrates: *É costume de um tolo, quando erra, queixar-se dos outros. É costume de um sábio queixar-se de si mesmo.*

De Demétrio: *Os amigos são os que na prosperidade comparecem ao serem chamados e na adversidade não esperam ser chamados.*

E finalizou com uma de sua autoria: *A verdadeira medida de um homem não é como ele se comporta em momentos de conforto e conveniência, mas como ele se mantém em tempos de controvérsia e desafio.*

# 37

No domingo, Peter, Terry e Bill convidaram Martin e Chuck para acompanhá-los ao Grieg, o melhor restaurante da cidade. Surpresa: Martin topou, mas Chuck deu uma desculpa para não ir.

– Vão vocês, amigos – esquivou-se Chuck. – Estou no bagaço, prefiro descansar.

Terry não perdeu a oportunidade de tirar uma onda:
– O Chuck quer que o mundo acabe em barranco!
– Não é nada disso, irmão – tornou Chuck. – Preciso descansar o esqueleto, senão o miolo não funciona. Não sou nenhum Martin Luther King Jr., gênio da raça. Comigo é na base do esforço, senão eu rodo...
– Fale a verdade, Chuck – advertiu Peter. – Você vai ficar lendo história em quadrinhos...
– Ê, ê! Tá louco? Não perco o meu tempo com isso não! Vou agarrar um livro de filosofia e só largo dele quando entrar tudinho dentro do meu cocoruto.

Bill aproveitou a deixa:
– Tudo bem. Então a gente volta daqui a 20 anos – e soltou uma sonora gargalhada, que foi acompanhada por todos. Nem Chuck resistiu, e replicou:
– Que otimismo! Deus te ouça!
– Vamos indo senão a gente só vai encontrar a sobra – falou Peter. – Estou com uma fome de leão.

Chuck aproveitou e deu um conselho ao amigo:
– Sei que você está com muita fome, mas poupe as toalhas e os talheres.

Chegaram ao Grieg e havia muitas mesas vazias, o que era bastante raro num sábado à noite.

Peter abriu a porta e entrou, seguido de Bill, Terry e Martin em fila indiana. O *maître* veio recebê-los.

— Uma mesa para quatro rapazes famintos, amigo — antecipou-se Peter.

O *maître* olhou-os atentamente, medindo-os dos pés à cabeça. Os quatro estavam vestidos impecavelmente, de terno e gravata.

— Sinto muito, mas ele não pode entrar aqui — o *maître* disse, apontando para Martin.

— Qual é o motivo, senhor? — disse Bill, tomando a frente.

— Bem, acho que vocês devem saber... — respondeu evasivamente o *maître*.

Bill invocou-se:

— Não sei se nós sabemos. Acho que o senhor poderia nos explicar isso direito.

— Deixa pra lá, pessoal — Martin tentou apaziguar. — Comam vocês, eu vou...

— Vai nada! — interrompeu Bill. — Nós saímos juntos para jantar e jantaremos juntos, nós quatro. E o senhor ainda nos deve uma resposta — disse, voltando-se para o *maître*.

— Bem... — o homem ficou encabulado. — O fato é que temos regras — e o *maître* voltou a falar com firmeza. — Não servimos negros! Se é isso que os senhores queriam ouvir, ouviram...

Bill olhou para ele com muita raiva, mas Peter assumiu a liderança, acalmou o colega e disse em voz alta para que todos os que estavam no restaurante ouvissem:

— Se este restaurante não serve negros, este restaurante não serve para nós. Vamos a um lugar onde haja mais respeito pelo ser humano.

Um mal-estar generalizado tomou conta do ambiente, as pessoas que estavam comendo pararam para olhar a confusão. Na porta da cozinha surgiu o cozinheiro, um negro de bigode. Terry não se conteve e disse também em voz alta:

— Que coisa extraordinária! Não servem negros mas servem-se de negros. Se vocês acham que negros são inferiores, por que aceitam um negro cozinheiro aqui? Quer saber de uma coisa? Eu não quero saber deste lugar!

— Nem eu — disse Bill.

— E muito menos eu — confirmou Peter.

Os quatro rapazes saíram, e para surpresa de todos, o cozinheiro tirou o seu avental e abandonou o trabalho, acompanhando os rebeldes.

# 38

Quando contaram para Chuck a história do Grieg, ele se arrependeu de não ter ido.

— O pior é que não consegui me concentrar no livro e acabei tirando um cochilo — lamentou-se.

– Agora você já sabe, Chuck – disse Terry. – Quando alguém falar que o Grieg é o melhor restaurante da cidade, você diz que não é coisa nenhuma!

– Grieg? Nunca ouvi falar desse restaurante – Chuck entrou no espírito da coisa. – Deve ser uma pocilga onde servem um grude que não há cristão que engula...

– É isso aí – comemorou Peter.

Martin ficou feliz pela solidariedade dos amigos, mas isso não foi suficiente para tranquilizá-lo. Ele queria arranjar um jeito de banir essa ideia da mente dos norte-americanos.

Mas como?

# 39

Aos 22 anos de idade, Martin formou-se bacharel em religião no Crozer.

Por ter sido o melhor da classe, foi escolhido para fazer o discurso de conclusão. No dia da entrega dos diplomas, Bill, Peter, Terry e Chuck ficaram na primeira fila para aplaudir o amigo.

Além de ser o orador oficial dos formandos, também ganhou os prêmios "Pearl Plafker", de melhor aluno, e o "Lewis Crozer Fellowship", que lhe deu 1.200 dólares para ser usado em outros dois anos de estudos – na universidade de sua preferência.

Entre os projetos pessoais de Martin havia um especial: o diploma de doutorado – o mais alto da vida acadêmica –, e para isso ele não media esforços.

O reverendo King, Alberta, Christine e Alfred foram até a Pensilvânia para aquela data especial.
– O meu menino está se formando... – disse Alberta, com lágrimas nos olhos. – Parece que foi ontem que você nasceu, Martin.
O reverendo, que não era de fazer gracejos, não resistiu ao pieguismo da esposa:
– Dia 15 de janeiro de 1929... ontem!
Alfred, sempre muito próximo do pai, completou:
– Hoje é dia 16 de janeiro de 1929!
Christine foi solidária com a mãe. Mulheres são mais sentimentais e entendem as outras mulheres:
– É só um modo de falar, deixem a mamãe chorar em paz. É um choro de alegria!
– De orgulho desse homenzinho, isso sim! – Alberta corrigiu.
Depois da cerimônia, houve um almoço de confraternização para pais, alunos, professores e funcionários da faculdade.
– Então, Martin, você já decidiu onde pretende continuar os estudos? – perguntou o reverendo King.
– Sim, vou para a Universidade de Boston. O que o senhor acha?
– Acho ótimo. Mas... e se achasse não tão ótimo?
– Acho que iria mesmo assim! – Martin riu.
– Cabeça-dura! – ironizou Alfred.
– Perseverante e obstinado, esse é o Martin, meu querido irmão – Christine corrigiu.
– O senhor vai contar pro Martin sobre aquilo agora ou vai esperar, papai? – Alfred perguntou.
– Sua mãe vai decidir.
Alberta olhou para os dois, brava:
– Mas que língua solta! Não queria estragar a surpresa.
– Ôba! Pelo que estou sentindo, acho que vocês prepararam alguma coisa para mim – Martin desconfiou.
– Coisinha de nada – o reverendo King tentou minimizar.
– Coisinha verde – disse Alfred, rindo.

– Verde? Hum... deixa ver... – Martin concentrou-se. – Ah! Já sei! Ganhei um pé de alface?

Todos caíram na gargalhada.

– Na verdade, é um pouco maior que um pé de alface, né? – Christine fez suspense.

– Um pouco maior... verde... Ah, acho que já sei. Vocês vão me dar um maço de brócolis?

Novas gargalhadas.

O reverendo King ficou sério, colocou as mãos no ombro de Martin e disse:

– Filho, não é nada excepcional. Foi o que a gente pôde comprar. Esperamos que você faça um bom uso dele. Você merece porque é um homem muito dedicado. Na verdade, para pessoas esforçadas como você, o nosso presente não deixa de ser bom, mas caso não o ganhasse, você não desistiria de coisa nenhuma. É só para facilitar a sua vida...

– Que mistério, gente – Martin começou a ficar aflito. – Diga, papai, o que é, afinal?

– Um Chevrolet verde! Um carro para você ir à universidade, Martin.

– Uau! – Martin comemorou. – E ele está aqui em Chester?

– Está estacionado na garagem do hotel. Assim que terminarmos o almoço vamos pra lá – Alberta confirmou.

– Um Chevrolet verde... Que presentão! Papai e mamãe, vocês são o máximo!

– E você vai ficar um charme dirigindo aquela máquina – Christine palpitou.

– Eu sei que já disse várias vezes, e vou dizer outras milhares, mas ter um pai e uma mãe como os que eu tenho... realmente facilita muito a vida da gente.

– Justo você que gosta de coisas difíceis – Alfred filosofou.

– Não é bem assim, Alfred – atalhou Martin. – Eu não desisto diante das dificuldades. É bem diferente de gostar de coisas difíceis. O desafio me move. Mas um Chevrolet para ir à universidade... Obrigado papai, obrigado mamãe... Eu sei quanto vocês se sacrificaram para comprá-lo.

103

— Bobagem, meu filho, bobagem... — o reverendo King desconversou.
— Vai valer a pena, estamos certos, Martin. Vai valer a pena — Alberta completou, emocionada.

O garçom veio até a mesa da família King com uma travessa:

— Para esta turma animada e feliz... salada de grão de bico com brócolis!

Ninguém riu. O garçom não entenderia o motivo e podia achar que estavam rindo dele. Todos, sem exceção, morderam os lábios para não perder o controle.

— Que cara é essa, gente? Não gostam de brócolis?

O reverendo King pegou a travessa, colocou-a sobre a mesa e disse ao garçom:

— Adoramos brócolis! — e dirigindo-se à sua família. — Não é mesmo, pessoal?

Boston

1951

# 40

Em setembro de 1951, aos 22 anos, Martin foi para a Universidade de Boston dar início aos estudos de doutorado em Teologia Sistemática. Assim que fez a matrícula, Martin foi procurar um dormitório para alugar. Encontrou um quarto na pensão de uma viúva italiana, bastante idosa, na Massachusetts Avenue.
– Gostei da sua *faccia*, menino – ela disse ao conhecer Martin. – Você emana uma coisa boa. Na minha terra, a gente olhava na cara e já sabia se o sujeito prestava ou não. Aqui na América é tudo diferente. Bem, eu também já estou fazendo hora extra aqui na Terra. Não vejo a hora de ir *pra lá*, encontrar o meu Giorgio.
Martin foi carinhoso:
– Não fale assim, Ms. Anita, a senhora tem muito chão pela frente.
– Só se for chão pra esfregar – ela riu. – Já te falei quanto é o preço?
– Falou, sim senhora.
– Mas olha só que rapaz educado! "Falou, sim senhora." E já te falei que o pagamento é antecipado?
Martin sorriu:
– Falou, sim senhora.
– É um cavalheiro! *Va bene*, agora passe o dinheiro pra cá e ajeite as suas coisas.

Boston, 1951

# 41

Na primeira semana em Boston, Martin limitou-se a ir de casa para a universidade, da universidade para casa. Depois, mais seguro, arriscou uns passeios mais prolongados. A cidade era agradável, tinha alguns bosques com esquilos, e Martin não resistia: parava o carro e sentava embaixo de uma árvore, como fazia no terreno vazio ao lado de sua casa em Atlanta.

Na universidade ficou amigo de William, um negro de Detroit que estava no último ano, conhecia bem a cidade e tinha muitos amigos, dentro e fora da universidade. Foi um ponto de apoio para Martin.

William convidava Martin para sair, mas como andava entretido com seus estudos, declinava do convite, até que um dia acabou cedendo.

Foram ao Union Oyster House.

William era popular no local, porque além de ser muito simpático e de fácil relacionamento, era amigo do filho do dono do bar. Martin levou um livro, mas não conseguiu concentrar-se: todos falavam alto, e de vez em quando alguém gritava para chamar o garçom.

– Olha quem está arrasando. Só podia ser o mestre Willy – disse Charlie, aproximando-se.

– Quando o Big Willy está na área não tem pra ninguém – confirmou Jack, chegando com ele.

William fez pouco caso do elogio e chamou os dois:

– Venham cá, rapazes, quero lhes apresentar um camarada meu, o Martin, gente boníssima. Vocês se entendam aí, vou trocar uma ideia com o Ted e já volto.

Jack olhou firme para Martin, no fundo dos olhos.

– Acho que nos conhecemos de algum lugar... – arriscou.

– Deixa ver... Você fez o colégio em Nova York?

– Não – respondeu Martin. – Estudei na Pensilvânia.
– Tem certeza de que não estudou no Harlem?
Charlie se meteu na conversa:
– Ei, Jack! Que pergunta cretina, irmão. É claro que ele tem certeza...
– Sou da Geórgia – disse Martin. – Você já esteve no Sul? Quem sabe a gente...
– Você é de Atlanta? – cortou Jack.
– Sim – Martin confirmou.
– Bingo! Já sei de onde nos conhecemos – disse Jack. – Há uns anos atrás você e uns amigos estiveram em uma fazenda de tabaco em Simsbury, Connecticut?
– Isso! – e Martin bateu na testa. – Rapaz, você é o Jack, amigo do Malcolm.
– Eu mesmo, irmãozinho.
– Que mundo pequeno, hein! – Charlie interveio.
– É por isso que não podemos fazer mal para os outros. Logo a gente se encontra de novo – filosofou Jack.
Martin perguntou sobre Malcolm. Jack balançou a cabeça negativamente:
– Ele fez o que não devia.
– Não vai me dizer que...
– É...
– O nosso amigo Malcolm tomou um caminho errado, Martin – disse Charlie. – Formou uma quadrilha, roubou, fez o diabo por aqui, Detroit, Chicago, Nova York... Agora está puxando uma cana no presídio.
– Pobre Malcolm – Martin lamentou.
– Se não for meio esdrúxulo, podemos até dizer que ele teve uma sorte danada – disse Jack. – Malcolm estava barbarizando, e se fosse pagar por tudo o que fez, o pobre acabaria seus dias na prisão. Muita gente teve medo de retaliação e não o acusou pelos muitos assaltos que sua quadrilha praticou.
– Foi condenado a sete anos – Charlie contou. – No ano que vem Malcolm ganhará liberdade condicional. Espero que tome juízo!

## Boston, 1951

– Parece que sim – arriscou Jack. – Reginald, o irmão dele, disse que Malcolm conheceu um tal de Muhammad, líder do grupo Nação do Islã, e que acabou se convertendo, virou muçulmano.
– Sei não, isso me parece uma roubada... – falou Charlie, meio desconfiado.
Martin tinha sua tese:
– Acho que alguma religião é melhor do que nenhuma religião.
– Grande Martin! – reconheceu Jack.
William ouviu o grito de Jack e sem saber porque ele tinha dito aquilo, profetizou:
– Esse cara é uma grande cabeça e vai tornar-se um líder importante, escutem o que estou dizendo. Ele só tem um defeito... – e William fez suspense. – Não joga beisebol.
Jack consolou Martin:
– Faz bem, porque aqui a gente tenta, mas quem joga mesmo é o Willy.
Charlie concordou com Jack e retomou o assunto:
– Malcolm disse que precisava livrar-se de Little, seu "nome escravo", e agora chama-se "Malcolm X".
– Na verdade, ele tem uma certa razão. Enquanto formos tratados do jeito que nos tratam, não atingiremos o sonho da liberdade.
– Você tem a fórmula? – desafiou Charlie.
– Tenho – respondeu Martin, convicto. – É uma questão de tempo. Você vai saber como.
– Confio em você, mesmo sem saber se está tendo uma ideia maluca – tornou Charlie.
– Ao contrário do que pensava o Malcolm, devemos reagir com amor aos nossos agressores – ensinou Martin.
– Jesus Cristo! – interveio Jack.
– É ele mesmo.
– Hã?! – Jack estranhou, mas Martin prosseguiu.
– Ele é um dos exemplos que devemos seguir. E a *não violência* de Gandhi. Juntar isso com aquilo e a vitória é certa.

– O indiano maluco? Você está propondo que a gente faça o mesmo que aquele banana do Gandhi? – Charlie protestou.
– Estou propondo uma estratégia política. Gandhi conseguiu, nós podemos conseguir também.
– Acho difícil – Jack foi pessimista.
– Eu diria que é impossível – Charlie jogou mais para baixo.
Martin lembrou das aulas de Mr. Parker e do escritor alemão Goethe, que escreveu que "quem é dono de uma vontade firme, modela o mundo ao seu feitio", e ele tinha uma fé inabalável. Martin sabia que estava certo, e os outros acabariam sabendo também. Convencê-los – eis a sua missão.
Para isso ele veio ao mundo.

# 42

William convidou Martin para um passeio e foi incisivo:
– Você tem um minuto para pensar e dizer sim ou sim.
– Mas William, eu preciso estudar... – Martin tentou escapulir
– Eu sei disso. Você acha que estou me formando por quê? Estudei muito, irmão, mas se a gente não se permitir um momento de descanso, frita o cérebro.
– Ok, mas nada de bar, certo? – condicionou Martin.
– Certo – concordou William. – Hoje é um dia especial: vamos assistir à 41ª Maratona de Boston. É um acontecimento. Você sabe qual é o tamanho do percurso da maratona?

– Quarenta e dois quilômetros e cento e noventa e cinco metros – respondeu Martin.
– Olha o cara... bem informado, hein!
– Dizem que essa distância foi percorrida por um soldado grego para dar a notícia da vitória da guerra, e chegando a Atenas, morreu extenuado.
– Falou a enciclopédia ambulante – brincou William.
– A gente estuda e aprende, é simples assim... – Martin retrucou.
– Tudo bem, agora chega de papo porque a largada vai ser daqui a vinte minutos. Os últimos não serão os primeiros – William riu da própria piada. – Eu vou no meu carro e você vai no seu, ok?
Martin achou estranho.
– Vai que a gente encontra umas garotas... – sugeriu o otimista William.
Algumas avenidas e ruas estavam interditadas por causa da maratona e os dois foram obrigados a dar uma volta para chegar ao bairro de Chinatown, onde seria a largada. Mas chegaram alguns minutos depois do início da prova, para irritação de William:
– Que porcaria! Justo a largada, que é a única parte emocionante da maratona.
Martin tentou consolar o amigo:
– Não esquente a cabeça, a gente vê a chegada.
– Não tem a menor graça, os corredores vão chegando uma a um, não quero ficar aqui.
– Quer voltar pra casa? – perguntou Martin.
– Vamos dar uma volta a pé. Você conhece o Public Garden?
– Passei por ele de carro, mas não entrei – Martin respondeu.
– Chegou a hora, vamos apertar o passo – disse William, decidido.
– Vamos deixar os carros estacionados aqui?
– Sim, é bom para desenferrujar os ossos. Vamos dar uma caminhada, é perto.

Andaram cinco quarteirões pela Essex Street e chegaram ao Public Garden.
— Nossa! Este lugar é um espetáculo, William — disse Martin, admirado com a beleza do parque. — Bem cuidado, florido... enfim, uma cópia do Paraíso.
— E está lotado de Evas — William brincou. — Mas não são originais, também são cópias.
O parque estava cheio de gente, poucos negros; os dois chamavam atenção. Ao passar por um grupo de senhores brancos, ouviram comentários nada elogiosos, porém eles falaram baixo, tentando disfarçar.
— Esta foi a primeira vez aqui... — Martin comentou, mas William não estava atento e ficou boiando:
— Hã?!
— Em Boston eu ainda não tinha sofrido discriminação.
— Isso acontece em toda a América. No Sul a coisa é mais descarada, mas é uma ideia geral do povo norte-americano: negro é inferior ao branco.
— Vai mudar... — Martin falou, meio absorto em seus pensamentos.
— Você conhece o Thoreau, irmão?
— Claro!
— O que você acha dessa ideia de desobediência civil? — quis saber William.
— Acho preciosa. Lembra o Gandhi...
— Sei não, Martin... parece utopia, o povo negro não é unido.
— Engano seu. É preciso um motivo, uma causa. Você vai ver como nos uniremos em torno de um causa justa.
— Outro dia, um colega de classe, que é fanático pelo Thoreau, falou que a gente não devia pagar impostos, afinal, a lei é escancaradamente desfavorável a nós.
— Não concordo — disse Martin, para surpresa de William.
— E por que não concorda?
— Para não dar motivo para nos acusarem. Jesus ensinou uma coisa extraordinária. Quando perguntaram se ele achava

que os judeus deviam pagar imposto a César, sabe qual foi sua resposta? "Dai a César o que é de César, e a Deus o que é de Deus". A lei dos Césares deste mundo é injusta, mas pode ser mudada; já a lei de Deus é justa. Cada um é julgado segundo suas obras.
– Se Deus é justo, por que os negros sofrem tanta injustiça – William questionou.
– Mistério... – respondeu Martin. – Eu tenho um palpite. Deus quer que a gente seja livre...
William interrompeu:
– Se Deus quiser, um dia...
– Deus sempre quer, William. Nós é que precisamos agir. Não adianta esperar cair do céu. Do céu só cai chuva. Se acreditamos em Deus, devemos acreditar em nós mesmos, em nosso potencial.
–... que não usamos – confirmou William.
Martin assumiu um ar sério, suas palavras ganharam força:
– Eu sinto que a oportunidade está próxima. Eu oro tanto, peço a Deus que nos ilumine. Ele não é surdo.
– É mesmo, né? Podia ajudar a gente.
– Não! A gente é que precisa se ajudar. Deus pode mandar a oportunidade, e com ela a inteligência e a força, mas o trabalho é nosso.
– Deus é bom, Martin – William disse, sem olhar para o amigo. – Olha só que esculturas maravilhosas – e apontou um grupo de garotas logo à frente.
Martin riu.
– Ei, eu conheço aquela lá, é a Carol – falou William. – Vamos lá conhecer as beldades.
Seguro de si, William era uma boa companhia para Martin, que também era autoconfiante. Chegou perto do grupo, cumprimentou Carol e foi apresentado às amigas:
– Esta é a Daisy, esta é a Florence, esta é a Coretta.
– Ôps! – William lembrou-se que não havia apresentado o amigo. – Este é o Martin.

*Coretta King, esposa de Martin Luther King Jr.*

Boston, 1951

– Olá, garotas! – Martin cumprimentou todas, mas seus olhos se fixaram em Coretta.
Florence notou que o olhar de Martin para Coretta tinha alguma coisa diferente: só a intuição feminina parece ser capaz de perceber isso. Ela deu um beliscão no braço de Coretta. Código de garotas. Ninguém fala nada e todas se entendem.
Martin e William também tinham o seu código. William viu que Martin gostou da garota e tentou facilitar:
– E se a gente fosse até o Christopher Columbus Park?
Assim caminhamos um pouco...
Carol, que não havia percebido o "clima" romântico, disse bobamente:
– Não precisamos ir até lá, o Public Garden é o melhor lugar para passear.
Florence interveio:
– É verdade, mas se a gente for ao Christopher, podemos passar naquela quitanda da Atlantic Avenue e comprar umas frutas. Que tal?
– Acho que é uma excelente ideia – disse Martin, numa cumplicidade com Florence. – Estou com fome.
– Tudo bem, se vocês fazem tanta questão... – Carol falou, conformada.
– Só se for agora! – exclamou William, satisfeito de ver o seu plano funcionar. – Eu levo a Daisy e a Carol, o Martin leva a Florence e a Coretta, ok?
– Por mim, tudo bem – concordou Martin. – Estarei muito bem acompanhado.
– Os carros estão logo ali, vamos indo, meninas – disse William.
Alguns anos mais tarde, ao comentar esse encontro, Martin confessou que nunca havia acreditado em "amor à primeira vista"... até que conheceu Coretta.

# 43

Tão logo entraram no *Chevrolet brócolis*, Martin começou a tentativa de conquistar o coração de Coretta.
— Eu gostaria de me apresentar melhor: meu nome é Martin Luther King Jr, sou do Sul e estou estudando na Universidade de Boston; pretendo ser pastor, como o meu pai e meu avô materno.
— E eu sou Florence Smith, nasci em Portland, estudo Letras, mas isso não tem a menor importância. O que importa mesmo é você saber um pouco sobre minha amiga — e soltou uma risada debochada.
Coretta corou de vergonha:
— Ai, gente... — disse, toda tímida.
— Fale sobre você, Coretta — pediu Martin de forma educada, mas sedutora.
— Bem, meu nome é Coretta Scott, também sou do Sul e estudo canto no Conservatório Musical de New England. Pretendo seguir a carreira de cantora e fazer muito sucesso.
Martin admirou-se:
— Canto? Que maravilha! Eu cantava na igreja...
— Jura? Eu também — disse Coretta, um pouco mais solta.
— Posso dizer que aprendi a cantar na igreja.
— É o meu caso — disse Martin.
— Pare o carro, pare o carro! — gritou Florence, dando um susto em Martin. — A quitanda é logo ali.
Martin encostou, Florence desceu e avisou:
— Fiquem aqui, vou comprar umas frutas e volto logo. Que fruta vocês querem?
— Pera — Martin e Coretta disseram ao mesmo tempo.
Florence pôs as mãos nos quadris e previu:

Boston, 1951

– Isso está me cheirando a conspiração divina! A única coisa que eu quero falar é que vocês nem pensem em não me convidar para ser madrinha, tá? – girou sobre os pés e saiu, rebolando.
– Essa Florence é doida – riu Coretta.
– Nem tanto – falou Martin, olhando fixamente para ela.
– Quer dizer que você gosta de pera? – Coretta perguntou.
– De pera, de ópera e da Coretta – Martin respondeu, fazendo graça com as palavras.
– Pare com isso, a gente nem se conhece... – ela tentou desviar o assunto.
– E daí? Eu sei ouvir o meu coração – Martin interveio.
– Às vezes o coração se engana...
– Nunca! – interrompeu Martin. – Quem se engana é a cabeça, que pensa sem parar.
– A minha é uma rebelde. Pensa, pensa, pensa, que fico cansada, sem levantar da cadeira.
Martin retomou o assunto:
– Não estávamos falando de pensamento, mas de sentimento. Sabe de uma coisa, Coretta? Quando vi você no Public Garden meu coração disparou.
Ela tentou amenizar:
– Ah, não exagera. Se é mesmo verdade, você disfarça muito bem.
– Eu não tentei disfarçar – ponderou Martin. – Acontece que as coisas que se passam dentro da gente ficam interiorizadas, não à mostra.
– Você é um filósofo, Mr. King! – brincou Coretta.
– Não sou filósofo coisa nenhuma. Sou um homem que procura uma mulher para casar e ter muitos filhos...
Coretta enrubesceu com a ousadia de Martin. Ele continuou:
– ...e que seja uma companheira nas horas boas e nas horas más.
– Eu acredito que o verdadeiro amor é assim: na alegria e na tristeza – observou Coretta.

118

– Não lhe prometo um mar de rosas, apenas fidelidade, amor e respeito.
– Nem um mar de rosas e nem um maremoto, né? – disse Coretta.
– Talvez um furacão – ele respondeu.
Coretta não gostou da comparação:
– Credo!
– É que eu recebi um chamado – retomou Martin. – Deus falou ao meu coração para eu servir ao nosso povo. Tenho a certeza íntima de que minha missão é libertar o povo negro dessa escravidão chamada discriminação. E para isso não medirei esforços. Por isso preciso de uma mulher que seja forte, corajosa, determinada e que me ame. Você é essa mulher, Coretta.
– Calma, Martin, a gente precisa...
Martin não esperou ela terminar a frase, já sabia o que iria dizer: para terem cautela.
– Você quer casar comigo?
– Hã!? – Coretta levou um susto.
– Vamos parando com essa conversinha mole que a Flô chegou com as frutinhas! – disse Florence, batendo no vidro do carro. – Abra essa porta Coretta, não está vendo que estou com as mãos ocupadas?
Florence sentou-se e colocou os pacotes no banco. Deu uma ajeitada no vestido e olhou-se no retrovisor do carro para ver como estava. Notou um clima estranho. Coretta absolutamente calada, Martin olhando para ela.
– Olha, eu não comprei um saquinho de clima, portanto, vamos desanuviando que não estou aqui para ser babá de ninguém, tá? E liga logo esse carro, Mr. Martin! – berrou Florence.
Assustado, ele obedeceu. Coretta estava pouco à vontade, mas tentou disfarçar:
– O que você comprou de bom?
– Pera para os pombinhos, maçã para mim.

Boston, 1951

# 44

Depois do primeiro encontro com Coretta, Martin não conseguiu mais tirá-la do pensamento. Não deixou de ser o brilhante aluno, nem de estudar seus livros, mas ela aparecia de vez em quando na sua cabeça.

Coretta também ficou impressionada com ele e não sabia o que pensar. Queria ser cantora e deslanchar na carreira, e só depois pensar em casamento e filhos.

Todas as vezes que se encontravam, Martin dava um jeito de voltar ao assunto, e Coretta encontrava uma maneira de escorregar.

– O William acha que a gente vai dar certo.
– Dar certo em quê? – ela se fazia de desentendida.
– Casar – Martin respondia, sem rodeios.
– Olha, Martin, eu quero ser cantora...

Ele completava, como quem advinha o que o outro vai dizer:

– Fazer sucesso e só depois pensar nas coisas do coração.
– Exatamente. Já que você sabe, deveria deixar de ser tão insistente.
– Mas eu sou muito mais insistente do que você imagina, Coretta. Eu sou um...
– Cabeça-dura! – agora era ela quem advinhava.
– É isso aí! Viu como nascemos um para o outro?
– Não vi nada. Qualquer um percebe quanto você é teimoso.
– Não é teimosia. Sou um homem que não desiste por nada! – ele afirmou, para impressioná-la.
– Não desiste mesmo?
– De jeito nenhum.
– E se eu disser que não gosto de você... – Coretta arriscou.

120

*Coretta e Martin Luther King*

— Diga — Martin respondeu, firme, e como ela ficou calada, ele insistiu. — Diga que não gosta de mim, Coretta.
— Não digo coisa nenhuma.
— Diga!
— Cabeça-dura! — Coretta falou, abrindo um sorriso encantador.
— E coração mole... — Martin brincou. — Vou lhe confessar uma coisa: meus amigos Jesse e Larry, de Atlanta, acham que a gente vai...
Coretta interrompeu:

Boston, 1951

– Você é doido? Anda falando pra todo mundo que vai se casar comigo?
– Sim e sim. Sou doido por você e vamos nos casar.
– Responda uma coisa, senhor bonitinho: os seus amigos de Atlanta afirmam isso baseados em quê?
– Nas cartas que eu escrevo, oras! – respondeu Martin, como se fosse óbvio.
– Ah, quer dizer que já sou famosa em Atlanta?
– Muito.
– Então, se cantar lá, vou ter casa cheia.
– Depende.
– Depende de quê?
– Se for comigo... – Martin fez um charme.
– Como assim?
– Se você for comigo para Atlanta, vai ter a casa cheia... de filhos!
Coretta deu um tapa carinhoso no braço de Martin:
– Seu atrevido! – censurou-o, mas gostou da brincadeira.

# 45

A senhora Anita bateu na porta do quarto de Martin; ele estava estudando, totalmente concentrado no livro. Demorou um pouco para voltar ao mundo. No segundo toque, levantou-se e foi atender.
– Tem dois rapazes querendo falar com você – disse a velha italiana. – É bom se apressar porque eles estão aflitos,

disseram que você ficou de encontrá-los e está meia hora atrasado.
— Puxa! — Martin lembrou-se que havia marcado um encontro com Jack e Charlie no Public Garden.
Saiu do quarto apressado e tropeçou no cordão do sapato desamarrado.
— Mas que furão! — Jack falou assim que Martin apareceu na porta.
— Desculpem. Eu estava lendo um livro e viajei...
Charlie não perdoou e ironizou:
— O libertador Martin deixa os seus amigos esperando... Estamos bem arranjados!
— Vamos ficar aqui nos lamentando ou resolver a questão?
— Martin retrucou, ríspido.
— Vamos resolver — disse Jack. — Principalmente porque se a gente for rápido, pegamos o jogo no começo.
Entraram no carro e saíram, sem perder um minuto. No caminho, Charlie foi falando feito uma matraca:
— Se a gente perder um pedaço do jogo, um pedacinho que seja, vocês já sabem o que esperar do William, né? Ele vai falar um monte na nossa orelha. Ainda mais porque a rivalidade entre Harvard e a Universidade de Boston no beisebol é coisa antiga.
— Os caras se matam quando tem jogo... — Jack exagerou.
Martin foi ouvindo a conversa dos dois. "Como eu fui esquecer da final do campeonato universitário de beisebol?", pensou. William havia falado a semana inteira sobre isso. E as garotas disseram que iriam para dar um apoio ao amigo; seriam a mais bonita das torcidas organizadas.
— Ainda bem que o caminho para Harvard não tem congestionamento — falou Jack, assim que cruzaram a Longfellow Bridge.
Charlie olhou para a esquerda, apontando o Massachusetts Institute of Technology e sonhou acordado:
— Olha, Martin, que beleza de lugar! Bem que eu queria estudar aqui...

– Para sorte dos caras, isso não aconteceu – Jack comentou.
– Ei, vamos parar com essa ironia, irmãozinho! Você acha que não sou capaz de estudar aí?
– Acho! – Jack respondeu, firme.
– Pois fique sabendo que opinião e umbigo todo mundo tem! – Charlie retrucou, dando de ombros.
Poucos minutos depois, chegaram a Harvard e foram direto para o campo de beisebol.

## 46

Para tristeza de William e dos seus amigos, Harvard venceu o jogo.
Ficaram na porta do estádio esperando o amigo, para consolá-lo, mas William não estava abatido, pelo contrário, mostrava-se bastante animado e falante:
– O importante é que nós demos o máximo, ninguém fez corpo mole, e o que conta num time é a raça. Melhor perder com esse espírito do que ganhar de um adversário fraco.
Florence gostou do comentário de William e acrescentou:
– Essa é a postura de um grande campeão! – e deu-lhe um beijo no rosto.
– Vamos tomar um sorvete pra esfriar a cabeça – Charlie sugeriu. – Se é que tem alguém aqui de cabeça quente...
– A minha está geladinha – respondeu Martin.
Jack não perdeu a oportunidade de caçoar:
– Claro, afinal, gelo é uma coisa bem dura!
Todo mundo riu.

# 47

Na sorveteria, enquanto todos conversavam animadamente sobre o jogo, Martin chamou Coretta para darem uma volta no quarteirão. Era mais uma tentativa. Coretta resistia bravamente aos acenos de Martin, queria ser cantora e estava decidida a ir até o fim. Também era cabeça-dura. Combinavam muito bem.
– Sabe, Coretta... – Martin começou, misterioso. – Não sei se devo falar...
– Claro que deve – ela respondeu, de pronto.
– É que... sei lá...
– Ora, ora! Vai deixar uma mulher curiosa? Você perdeu o juízo!
– Coretta, eu estive pensando... Não, não devo falar...
– Martin, faça-me o favor!
– Espero que você entenda...
– Não entenderei.
– Não sei, acho melhor falar uma outra hora.
– Agora!
– Deixa pra lá...
– Não deixo!
– Ah, Coretta, não seja tão curiosa.
– Serei.
– Tem certeza de que quer ouvir?
– Absoluta.
– Mesmo?
– Mesmo. Vamos, desembucha... O que você esteve pensando?

Martin parou de caminhar, segurou-a pelo braço e, olhando em seus olhos, falou:
– Estive pensando em me casar com você. Você topa?

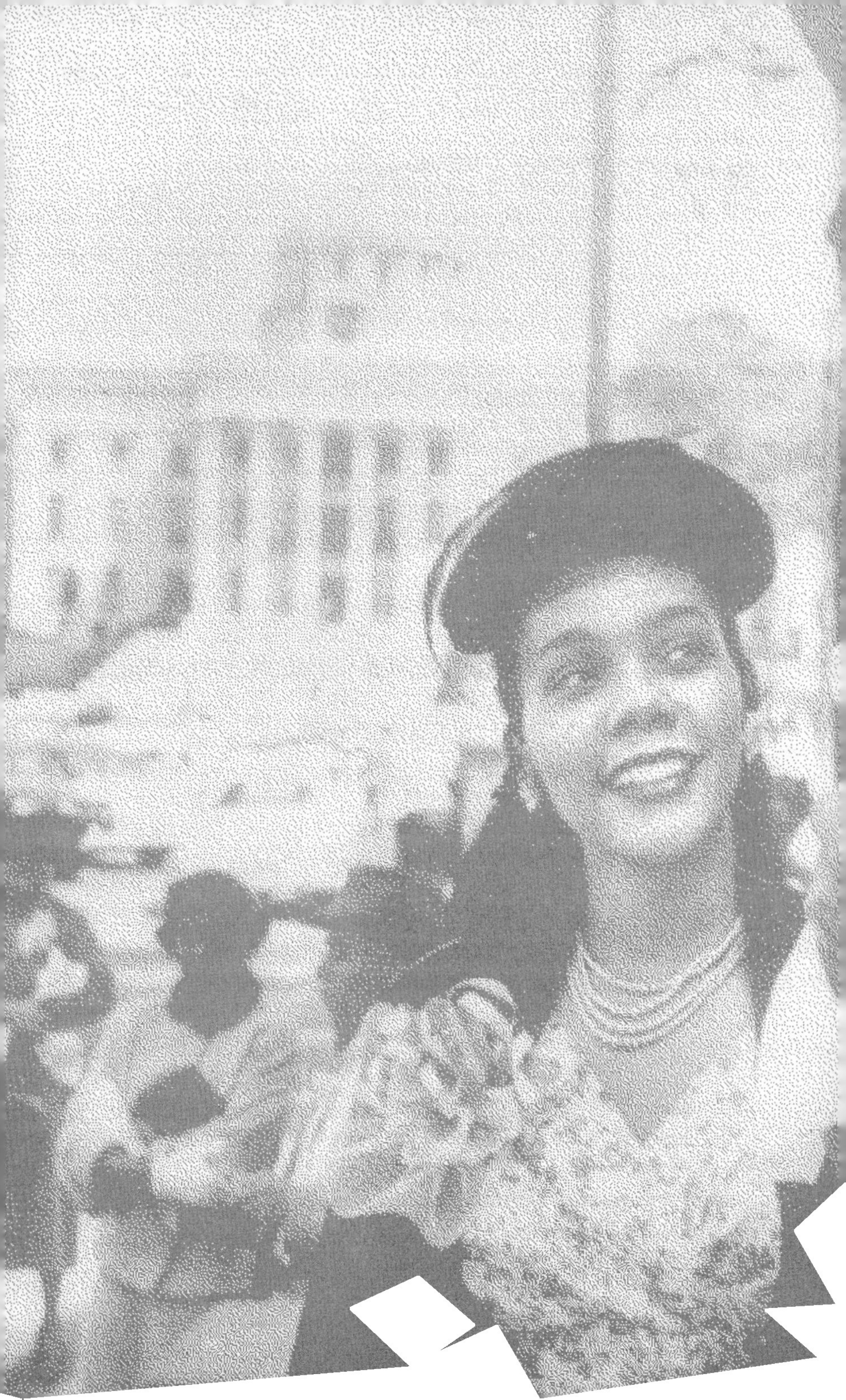

**Coretta**    **Rosa Parks**
**1953**   &   **1955**

Casamento de Martin e Coretta

# 48

Martin e Coretta se casaram no dia 18 de junho de 1953, numa cerimônia dirigida pelo reverendo King, no jardim da casa da noiva. Além dos familiares, Martin convidou seus amigos Peter, Chuck, Terry e Bill, do Croozer; e da Universidade de Boston compareceram William, Jack e Charlie, além das amigas de Coretta, Daisy, Carol e Florence.

– Posso testemunhar que vocês são um casal bastante ajuizado, afinal de contas, me convidaram para ser madrinha, senão... – Florence brincou, como quem faz uma ameaça.

– E eu sou louca? – Coretta respondeu.

William, Jack e Charlie estavam vestidos, de terno escuro, mas o comportamento era de um trio de crianças, fazendo piada com todo mundo, principalmente com Alfred.

– Esta é a sombra do Martin – disse Jack, segurando os ombros de Alfred. – Vai ter que suar muito para chegar aos pés do irmão, hein?!

– Vai suar uma bica e vai alcançar o dedinho... – continuou Charlie.

William fez uma cara séria:

– Olha, campeão, não ligue para o que esses dois falam, viu! Posso te garantir uma coisa: isso que eles estão falando é a mais pura... verdade! – e todos caíram na gargalhada, inclusive Alfred.

Bill, Chuck, Peter e Terry formavam outra roda animada; escolheram a mãe de Martin para importunar:

— Dona Alberta, a Chris falou que foi a senhora quem arrancou uma página do dicionário do Martin, é verdade? — perguntou Peter.
— Eu? Do que você está falando? — Alberta quis saber.
— Parece que a senhora fez picadinho dela... — continuou Terry.
— Ah, meninos, não estou entendendo nada — a pobre mulher respondeu.
Bill explicou:
— Pelo que estamos sabendo, a senhora arrancou a folha do dicionário que tinha a letra D, por isso o coitado do Martin não sabe o significado da palavra "desistir".
A mãe de Martin deu de ombros:
— Ah... essa meninada...
Christine ficou emocionada durante a festa: gostava muito do irmão e estava feliz por ele ter encontrado uma pessoa tão especial como Coretta.
— Cunhada, cuide bem desse moço, ele é de ouro! — segredou a irmã.
— Mas é meio cabeça-dura — Coretta brincou.
— Meio? É muuito cabeça-dura! — devolveu Christine.
— Porém, se ele não tivesse sido perseverante, acho que a gente não estaria aqui.
— Quando o Martin quer uma coisa, ele não mede esforços, faz de tudo, até alcançar o seu objetivo.
Coretta mostrou-se preocupada.
— Às vezes eu acho que Martin exagera. Ele enfia umas coisas na cabeça...
—... e ninguém tira — confirmou Christine.
— É mesmo! Ele tem uma coisa com o preconceito... Parece que o Martin não consegue tirar essa ideia de sua vida, ele quer mudar o mundo!
— Desde pequeno ele é assim. Papai e vovô nunca aceitaram a discriminação contra os negros de braços cruzados. Martin é o topo dessa linhagem.
— É uma missão, né, Chris?
— É — concordou a cunhada.

– Não adianta querer se meter no caminho dele – Coretta concluiu. – Nem me atreveria. Pelo contrário, ele vai ter todo o meu apoio.
– Que bom que você pensa assim, Coretta, e que sorte tem o Martin! – Christine disse, abraçando a cunhada, sem conter o choro.
Coretta era uma mulher forte e decidida:
– Hoje a gente chora, amanhã nossos irmãos vão cantar – e levando Christine pelo braço, foi até onde Martin conversava com Jesse e Larry.
Encontrou-os num bate-papo animado, porém o assunto era sério. Martin dizia:
– Nossa geração não lamenta tanto os crimes dos perversos quanto o estarrecedor silêncio dos bondosos.
– Esse meu amigo é um profeta! – vibrou Larry. – Martin não nasceu para levar uma vida comum, não é, Jesse? Ele sempre foi uma luz pra gente. Ninguém me tira da cabeça que ele vai ser muito famoso.
– Ninguém tira da cabeça... – começou Jesse. – Essa frase combina com Martin...
– Cabeça-dura! – completou Larry.
– Que história é essa de falar mal do meu marido? – Coretta brincou.
– Só estamos *fotografando* a verdade, nada mais – respondeu Larry sorridente.
– Por falar nisso, está todo mundo esperando para a fotografia oficial, vamos lá, gente! – animou-os Alfred, juntando-se à turma.
– Como eu estou, meu amor? – Coretta perguntou.
– Encantadora. Como sempre! – Martin respondeu, e beijou a testa de sua mulher.

# 49

Alguns meses antes de formar-se, Martin e Coretta estavam em dúvida quanto ao futuro do casal. Um coisa parecia certa: Coretta não estava tão animada com a carreira de cantora, pois o papel de esposa de Martin era bastante agradável; ele era um marido atencioso e gentil.

– E agora? – perguntou Martin. – Não é fácil tomar uma decisão dessas...

– Querido, você deve levantar as mãos pro céu e agradecer ao bom Deus – começou Coretta. – Afinal, não é qualquer recém-formado que é convidado para lecionar em três faculdades.

– Eu agradeço, Coretta. Sou muito grato pela benção que o Senhor me deu. Agora eu peço em minhas orações que Ele me diga qual é o melhor caminho.

– Concordo com você, Martin, é uma decisão difícil.

– E além de tudo, a questão das igrejas...

– O número três está nos perseguindo – Coretta brincou.

– Exato. Três igrejas me oferecendo o cargo de pastor.

– Outra decisão difícil. Duas delas são no Norte... – a mulher comentou.

– Fomos muito maltratados no Sul, o preconceito... Mas sinto que uma voz me chama pra lá.

– Negros no Sul são cidadãos de segunda classe, os brancos nos tratam como se a gente não fosse nada.

Martin concordou:

– Verdade, meu amor. Por isso sinto vontade de virar as costas para o Sul, mas isso é a cabeça que diz, pois o coração me puxa pra Montgomery.

– Ah, o Alabama... – suspirou Coretta. – Minhas amigas de lá contam cada história de desrespeito aos negros.

— Não precisa ir longe, meu pai conta que certa vez estava com um grupo de pastores e o cobrador do bonde queria que eles entrassem pela porta de trás – a "dos negros". Imagine a reação do reverendo King. Se não fosse os amigos...
— Meu querido, apesar de tudo isso, vou ser sincera com você: lá é o nosso lar, lá estão nossas raízes, nossa família, os amigos.
— Pensando bem, é um desafio – Martin filosofou.
— Você sabe que vai ter o meu apoio, qualquer que seja a sua decisão, Martin querido.
— Vou aceitar a Igreja Batista da Dexter Avenue.
— Montgomery, lá vamos nós – bradou Coretta, cheia de confiança.

# 50

O reverendo King não gostou da decisão de Martin: esperava que ele fosse para Atlanta, como pastor da Ebenezer, mas conhecia bem o gênio do filho.
— Tomara que as coisas tenham melhorado por lá – conformou-se o reverendo King. – Afinal, já se passaram vinte e cinco anos...
O reverendo estava enganado. Os ônibus ocuparam o lugar dos bondes, mas, os negros ainda eram obrigados a usar os bancos de trás. Martin não estava disposto a aceitar as injustiças de boca fechada: seus sermões dominicais eram um chamado à consciência.
— Meus irmãos, lembrem-se do sacrifício do nosso Salvador Jesus Cristo, e em seu nome, não esmoreçam jamais. Jamais!

No Evangelho de Lucas, versículo 21, está escrito: *"Quando Jerusalém estiver cercada de exércitos, saibam que está próxima a sua desolação. Haverá uma grande angústia na Terra e cólera contra este povo".* O que significa isso para nós? Sim, porque a Palavra de Deus não se refere àquele tempo apenas; nem Jerusalém é uma cidade no Oriente Médio. Não, meus irmãos, isso seria levar ao pé da letra. Jerusalém cercada pode ser Washington, por exemplo. E o exército não são as Forças Armadas, mas um povo consciente, clamando por justiça. A cólera contra o povo opressor se manifestará quando outras nações estiverem solidárias ao povo negro da América. Quando a França erguer sua voz para se solidarizar conosco, o Canadá, a Bélgica, o Brasil, o Egito, a Grécia... Tenho um sonho, sim, irmãos, eu tenho um sonho. No dia em que vivermos em harmonia, respeitando as diferenças de raça, de religião, sem fazer desta Terra um inferno, mas um paraíso, então poderemos dizer: somos livres, finalmente, somos livres!

Outro ponto importante na estratégia de Martin foi unir-se aos pastores e líderes negros da comunidade para discutir sobre o programa de desobediência civil liderado por Gandhi e as ideias revolucionárias de Thoureau.

– Isso pode funcionar em Montgomery – acreditava. – Imagine se os negros não andassem mais de ônibus, em sinal de protesto.

– Pode ser que funcione... – arriscava um.

– Será? – duvidava outro.

A maioria dos líderes negros acreditava que uma ação bem organizada poderia funcionar... um dia.

Martin acreditava que um dia era hoje:

– Precisamos fazer alguma coisa – ele insistia.

– É... precisamos – concordavam.

Mas e a ação, cadê?

# 51

Em Montgomery, Martin era um líder ativo e começava a destacar-se entre os negros. Nos debates sobre "fazer alguma coisa", ele insistia no caminho da *não violência*, mesmo que às vezes isso lhe causasse uma certa incompreensão entre seus pares.

– Coretta, meu amor, acho que Deus foi muito generoso comigo ao me fazer um homem perseverante.

– Cabeça-dura.

– Exatamente: cabeça-dura – Martin concordou, rindo com a esposa. – Só mesmo sendo cabeça-dura a gente pode conseguir alguma coisa. As pessoas são muito acomodadas, acham que as coisas têm que cair do céu. Querem a bênção e se esquecem da frase de Jesus: *"Ajuda-te e Deus te ajudará"*. Imagine se Deus em sua infinita bondade e inteligência vai nos dar alguma coisa que não merecemos...

– Nunca – concordava Coretta. – Seria como um pai premiando um filho indolente.

– É o que temos que fazer o nosso povo compreender – Martin continuava. – Para cada passo que dermos em direção a Deus, Ele dará outro em nossa direção.

– Não é fácil, meu querido, são séculos de dominação, principalmente dominação ideológica. Os negros não têm autoestima. Fomos acostumados a levar chibatadas, o espírito adormeceu...

– Nossos irmãos se debatem num dilema: aceitar passivamente ou lutar violentamente, não imaginam que existe um terceiro caminho.

– Por mais que você diga e repita – Coretta tentou conformá-lo.

– Mas eu não vou parar de falar. Repetirei um milhão de vezes se for preciso. Uma hora eles me ouvirão. Não desistirei.

Coretta & Rosa Parks, 1953 • 1955

*Coretta e Martin*

— Disso eu tenho certeza — falou Coretta.
Martin parou de falar, encarou a mulher e perguntou:
— Você está insinuando que eu sou teimoso?
— De jeito nenhum!
— Ah, bom... — Martin sossegou-se.
— Cabeça-dura! — Coretta respondeu e beijou-o, apaixonadamente.

# 52

Martin trabalhava com afinco na Igreja Batista de Montgomery. Seu exemplo de vida era o reverendo King, e tudo indicava que ele superaria o pai; os tempos eram outros e, desde a infância, Martin tinha um único pensamento que não lhe abandonava: a liberdade do povo negro, custasse o que custasse.

Havia mais um motivo para a luta de Martin: Yolanda, sua filha recém-nascida. Ele não queria que a filha sofresse o que ele havia sofrido pelo fato de ser negro. E mais: queria que ela sentisse orgulho da cor de sua pele, assim como ele havia aprendido com seu pai.

Dia 1º de dezembro de 1955, uma terça-feira, tornou-se uma data histórica.

Rosa Parks, uma costureira negra, voltando do trabalho, entrou no ônibus, pagou a passagem e, exausta, sentou-se no primeiro banco que encontrou. Acima de sua cabeça havia uma placa: "Somente para brancos".

– Estou moída – Rosa disse para dois senhores negros também sentados na ala reservada para os brancos.

O ônibus foi parando nos pontos, recolhendo trabalhadores que voltavam de seus empregos. O dia estava frio. Os passageiros brancos iam entrando e o motorista ordenava aos negros que se levantassem e dessem seus lugares a eles.

– Não me façam repetir a mesma frase de sempre, negros encardidos! – o motorista falou. – O lugar é dos brancos.

Os dois senhores negros, sentados perto de Rosa, com receio de causar confusão, cederam os lugares. Em Montgomery, como em quase toda a América, negro nunca tinha razão. Porém, Rosa não saiu do lugar.

Houve um impasse: os brancos, em pé, próximos de Rosa, esperando que ela se levantasse, e a mulher irredutível:
– Vou viajar sentada, sou uma senhora de idade, os cavalheiros que viajem em pé.
– Ei, senhora – um rapaz negro advertiu. – É melhor fazer o que ele manda, senão...
– Vou chamar a polícia! – o motorista vociferou, mas Rosa não obedeceu.
– Hoje não, meu filho – Rosa cismou. – Tenha a santa paciência, isso não é justo. Absolutamente, não é justo!
Irado, o motorista encostou o ônibus e chamou um policial. E Rosa foi levada para a cadeia.
E. D. Nixon, presidente do grupo mais antigo de defesa dos direitos civis dos negros, a Associação Nacional para a Emancipação das Pessoas de Cor (NAACP), foi um dos primeiros a saber da prisão de Rosa Parks, que já havia trabalhado com ele. A fiança foi paga e Rosa libertada, porém, ele ficou profundamente incomodado com aquela afronta ao povo negro.
No dia seguinte, Mr. Nixon telefonou para Martin:
– Bom dia, Mr. King, desculpe incomodá-lo a essa hora, mas o motivo é grave.
– Pois não, Mr. Nixon – respondeu Martin tranquilamente.
Ao ser informado do acontecido em detalhes, Martin foi tomado de um sentimento de urgência.
– É agora! A hora é agora, Mr. Nixon! – bradou Martin. – Vamos nos reunir hoje às sete da noite na igreja. Convoque os outros líderes, precisamos tomar uma atitude em relação a isso!
– Coretta, meu amor – Martin falou para a mulher assim que desligou o telefone. – Chegou o momento!
Apesar da gravidade da situação, Martin foi tomado de uma estranha alegria que perdurou durante todo o dia. Parecia Romeu apaixonado aguardando o momento de encontrar sua Julieta.

Pontualmente às sete horas começou a reunião. A igreja estava lotada, o clima era tenso. Martin usou de todo o seu poder de persuasão para que a reunião não descambasse para a incitação à violência como forma de revide.
– O momento pede que sejamos inteligentes, meus irmãos – Martin começou sua fala de modo sereno. – Sejamos suaves e incisivos. Nada de agressão, isso só daria motivos para que a opinião pública se voltasse contra nós.
– O que fizeram com aquela senhora foi um insulto, pastor! – gritou um homem no fundo da igreja. – Vamos deixar passar?
– De maneira nenhuma – interveio Mr. Nixon. – Nós estamos aqui reunidos para que isso não passe em branco. A questão é: como vamos agir politicamente para que a situação nos favoreça?
– Não é hora de política, mas de ação – retomou o mesmo homem.
– A política é uma ação inteligente, irmão – Mr. Nixon atalhou sem se alterar.
Martin retomou o controle da situação:
– Hoje de manhã, Mr. Nixon e eu conversamos e achamos que uma boa e eficiente maneira de responder a esse ato humilhante é o boicote. Não vamos usar ônibus. Vai doer no bolso deles, depois a dor vai subir para a consciência. É o que esperamos. Se não subir, não faz mal, a ação vai ser eficiente do mesmo jeito.
– Boicote já! – gritaram vários líderes.
Até mesmo o homem que defendia uma ação violenta acabou concordando que o boicote seria tão "violento" quanto um apedrejamento, porém, teria uma repercussão favorável aos negros. Um protesto justo, pacífico.
Outra decisão importante dizia respeito ao método de ação. Mr. Nixon sugeriu que, no sermão dominical os pastores presentes falassem em suas congregações sobre a importância da recusa em andar de ônibus. Também divulgariam a estratégia através da distribuição de panfletos.

A informação vazou e, no sábado de manhã a manchete do principal jornal de Montgomery era a ousadia do boicote dos negros. Martin comemorou: o jornal, que era porta-voz dos brancos, divulgou o boicote, superando as próprias expectativa dos líderes. O conteúdo do panfleto foi publicado palavra por palavra:

"Não tome o ônibus para o trabalho, para a cidade, para a escola ou para qualquer lugar, na segunda-feira, 5 de dezembro. Caso você trabalhe, vá de táxi, de carona ou a pé. Para instruções complementares, você está convidado para uma grande reunião na segunda-feira, às 7 da noite, na Igreja Batista da Holt Street."

> Don't ride the bus to work, to town, to school, or any place Monday, December 5.
>
> Another Negro Woman has been arrested and put in jail because she refused to give up her bus seat.
>
> Don't ride the buses to work to town, to school, or any where on Monday. If you work, take a cab, or share a ride, or walk.
>
> Come to a mass meeting, Monday at 7:00 P. M. at the Holt Street Baptist Church for further instruction.

# 53

Segunda-feira, dia 7 de dezembro, 5h30 da manhã. Martin levantou-se da cama antes de tocar o despertador. Não havia dormido direito de tanta ansiedade.

– Será que vamos conseguir, querido? – Coretta perguntou.

– O boicote vai funcionar – ele respondeu, confiante.

Em frente à sua casa passava uma das linhas de ônibus mais usadas por trabalhadores negros, e em dias normais, os ônibus iam lotados. Martin deu um beijo em Coretta, pegou-a pela mão e foram juntos até a janela da sala.

Esperaram alguns minutos e o primeiro ônibus veio se aproximando, devagar. Completamente vazio! O segundo ônibus apareceu depois de quinze minutos: vazio. Quando surgiu o terceiro ônibus, Martin e Coretta notaram que não estava vazio: havia dois passageiros brancos.

Martin não conseguiu conter-se: tirou o pijama, vestiu-se, tirou o carro da garagem e saiu pela cidade, observando os ônibus. Dirigiu durante mais de uma hora e viu menos de dez passageiros negros, quando, em dias normais, os ônibus levavam mais de vinte mil trabalhadores negros.

De tarde houve uma reunião entre os líderes do boicote, e Martin foi eleito presidente de uma nova organização: a Associação de Emancipação dos Negros de Montgomery.

## 54

Apesar do sucesso do boicote e da responsabilidade do cargo de presidente, Martin estava preocupado:
– Querida, o meu tempo para ficar com você e Yolanda é cada vez menor. Além do mais, você precisa saber que esta situação traz alguns riscos. Os brancos certamente vão revidar...

Coretta não perdeu sua calma habitual, e depois de ouvir tudo o que Martin tinha a dizer, respondeu de uma maneira que o tranquilizou:
– Em tudo o que você fizer, saiba que tem o meu apoio. Vamos deixar pra nos preocupar com os riscos quando eles estiverem por perto.

## 55

Naquela noite houve uma reunião na igreja da Holt Street. Completamente lotada, ficaram mais de três mil pessoas do lado de fora. Além do mais, havia câmeras de televisão para acompanhar a reunião. O boicote aos ônibus era a notícia mais importante do dia.

Pelos alto-falantes instalados do lado de fora, a multidão ouvia atentamente o que se dizia lá dentro. O ambiente era de catarse espiritual, e muitos não conseguiram conter o choro quando foi cantado o hino de abertura, "Soldados Cristãos, Avante".

Martin ficou em pé para falar. De repente, como se houvesse acontecido um pedido de silêncio, a multidão calou-se. O repórter pediu que o *cameraman* ligasse o aparelho, o pastor iria falar. E ele pronunciou cada palavra com tal força e fé que impregnou o espírito da multidão:

– O amor deve ser nosso principal guia – enfatizou. – Devemos ouvir as palavras de Jesus que ecoam através dos séculos: *Amem os seus inimigos, abençoem aqueles que os amaldiçoam e orem por aqueles que vos usam...* Meus irmãos, se o nosso protesto for feito com coragem, e sobretudo com dignidade e amor cristão, quando os livros de história forem escritos para as gerações futuras, os historiadores serão obrigados a dizer que houve um povo magnífico – o povo negro – que injetou novo significado e dignidade nas veias da civilização. Esse é o nosso desafio e a nossa total responsabilidade.

Durante mais de uma hora Martin exortou o povo a ser responsável em seus atos, imprimindo em cada um palavras de apoio e inspiração. Até mesmo os repórteres brancos que acompanhavam a reunião concordaram que a luta dos negros era justa, e o seu principal líder, um homem extraordinário. Não havia como ficar contra.

# 56

Durante os primeiros dias do boicote, o que se via pelas ruas era um povo alegre, orgulhoso, com dignidade e espírito comunitário, confiante na vitória e, principalmente, com a noção exata do sacrifício. Caminhando debaixo de chuva, andando longas distâncias para chegar ao trabalho, ninguém reclamava. Pelo contrário, cantavam. Algumas pessoas iam a cavalo, outras seguiam de carroça. Os que podiam, utilizavam os mais de duzentos táxis dirigidos por negros. De ônibus, ninguém.

O dono da empresa acabou se convencendo de que os negros não andariam de ônibus se suas três reivindicações não fossem atendidas: ter o direito de sentar nos lugares vagos, receber um tratamento respeitoso por parte dos motoristas, e emprego para motoristas negros.

Apesar de o boicote estar provocando um grande prejuízo à empresa, as reivindicações dos negros não foram atendidas, e as autoridades municipais resolveram endurecer.

Motoristas que participavam do boicote dando carona aos trabalhadores eram parados e multados, sob qualquer pretexto.

*Momento em que Martin Luther King é preso pela polícia de Montgomery*

Também os passageiros que esperavam as caronas eram ameaçados de prisão. O resultado da intimidação foi nulo. A maioria continuou firme, poucos deixaram de participar.

# 57

Na tentativa de acabar com o boicote, forjaram uma batida e prenderam Martin. Se os negros já estavam unidos, com esse ato arbitrário a união tomou dimensões vultosas, e as autoridades puderam dimensionar quanto ele era admirado e respeitado pelo seu povo.

A notícia da prisão correu depressa entre a população negra.

– Irmão, prenderam Martin Luther King! – disse um homem, voltando da igreja.

– O quê? Não é possível! – o outro respondeu.

– E agora? – um terceiro perguntou.

– Agora? Vamos lá pra prisão, talvez possamos ajudá-lo.

– Então vamos!

Em poucos minutos, uma grande multidão reuniu-se em volta da prisão. Alguns, mais exaltados, ameaçavam tirá-lo de lá a qualquer custo. Um princípio de revolta começou a pairar no ar. Outros líderes negros chegaram e tentaram acalmar a multidão. Parecia uma tarefa ingrata.

– O Mr. Martin não vai ficar nessa pocilga, não vai mesmo! – um negro jovem gritou, batendo no próprio peito.

O rapaz que estava ao lado concordou:

– Os brancos estão extrapolando! Eu acho que a gente deveria entrar lá e...

Não foi preciso. O carcereiro ficou apavorado e resolveu soltá-lo por conta própria. E veio até a saída acompanhando Martin. Quando a multidão o viu, foi uma festa. Correram em sua direção, colocaram-no nos ombros e saíram em passeata, cantando e comemorando.

# 58

A situação estava longe de chegar a um final da forma que Martin sempre defendera: pacificamente. Na noite seguinte, ele estava numa reunião com os líderes do boicote e sua casa sofreu um atentado.
Coretta estava na sala, amamentando Yolanda. De repente, ouviu uma coisa pesada caindo na varanda. Rapidamente, tomada por uma intuição, correu para o fundo da casa, protegendo o bebê.
O estrondo fez Yolanda se assustar e começar a chorar. As janelas da frente quebraram, a sala ficou destruída.
Martin recebeu a notícia do atentado e correu para casa. Ao chegar, havia uma multidão de negros cercando a casa, revoltados com aquele ato infame. Ouviam-se gritos irados no meio da multidão:
– Vamos pagar com a mesma moeda!
– Estão passando dos limites!
– Esses brancos pensam que nós temos sangue de barata!
Muitos homens estavam armados, dispostos a partir para a violência. A polícia não conseguia dominar a fúria dos negros. Depois de se certificar de que estava tudo bem com Coretta e Yolanda, e que os estragos haviam sido apenas materiais,

Martin foi até a varanda e pediu que escutassem o que ele tinha para falar.
– Se vocês estiverem armados, levem as armas para casa. Se vocês não estiverem, por favor, não procurem se armar. Não podemos solucionar esse problema com violência... Lembrem-se das palavras de Jesus: *Aquele que viver pela espada, sob a espada irá perecer...* Devemos enfrentar o ódio de nossos irmãos brancos com amor.

A firmeza das palavras, impregnadas de ternura e compaixão, fez com que os homens atendessem ao pedido de Martin. Um verdadeiro líder não precisa gritar para ser atendido. Ele diz. E a verdade, com sua força, se encarrega do resto.

– Esse homem é especial, Jimmy – falou um policial branco, admirado.

– É mesmo – concordou seu companheiro. – É uma injustiça o que estão fazendo com ele. A gente tem que cumprir ordens, senão seremos punidos. Eu, particularmente, não concordo com o que estão fazendo contra esse sujeito.

E foram embora, tocando a sirene, abrindo caminho entre a multidão.

# 59

O boicote já durava três meses. Os negros estavam unidos como jamais havia acontecido na América, graças ao carisma e à inteligência de Martin, que conduzia aquela situação delicada com sabedoria.

As autoridades estavam sem saber como agir.

Os atentados e as perseguições surtiam efeito contrário: quanto mais injustiças praticavam contra os negros, mais eles se obstinavam em seu propósito. Para alegria de Martin, seus irmãos tinham compreendido sua mensagem e não havia registros de casos de violência. Os negros se comportavam com dignidade, andavam de cabeça erguida pelas ruas, mas estavam atentos e instruídos para não responder às provocações.

– O inimigo precisa de nosso ódio para se alimentar. Não daremos este alimento. Só assim vamos enfraquecê--lo. Confiem na justiça do Senhor, confiem em vocês mesmos – pregava Martin no sermão dominical.

Como último recurso, o Grande Júri de Montgomery reuniu-se e chegou a um veredicto: o boicote foi considerado ilegal. Não se podia esperar outra decisão.

– Justiça de brancos, feita para brancos – Martin ensinou, consolando seu povo.

O passo seguinte, depois da decisão do Grande Júri, foi prender os líderes dos boicotes e centenas de integrantes do movimento. Todos se rendiam sem resistência, ou iam voluntariamente para a prisão, cantando.

"We shall overcome" ("Nós venceremos") virou o hino da luta pela liberdade. Os negros cantavam esta canção nos pontos de ônibus, nas passeatas, em reuniões, de mãos dadas, cheios de orgulho e certos da vitória final:

Nada tememos, nada tememos,
Nada tememos no dia de hoje.
Pois no fundo do coração acreditamos,
Que um dia nós venceremos.

Martin estava fazendo uma palestra em Nashville, Tennessee, quando recebeu voz de prisão:
– Mr. Martin Luther King? – perguntou o policial.
– Pois não, meu irmão – ele respondeu. – Em que posso ajudá-lo?
– O senhor me perdoe, mas vou ter que prendê-lo.
– Está perdoado – e seguiu o policial.
– Mr. Martin – disse-lhe o policial, dentro da viatura. – Apesar de ser branco, eu lhe admiro por sua bravura e determinação. Mas eu acho que, às vezes, o senhor exagera, sabe?
Martin ficou em silêncio.

– Concordo que o senhor deve reivindicar. E me desculpe a franqueza, mas como o senhor está sob os meus cuidados, ou seja, a autoridade aqui sou eu, vou dar a minha opinião sincera, ok?

Martin olhou para o policial e abriu um meio sorriso. Não disse palavra, mas o homem sentiu-se autorizado a dizer o que lhe vinha à cabeça:

– O senhor está certo... mas é um cabeça-dura!

A situação não era propícia para o humor, mas Martin não conseguiu sentir raiva do policial. E respondeu, como quem aconselha um filho:

– Sabe o que é, meu amigo? Eu tenho um sonho...

# Martin, o mártir

*Martin reunido com a família. No alto, um retrato de Gandhi*

Martin Luther King Jr. foi um homem que viveu plenamente a sua missão.

Desde jovem, tinha consciência de que era diferente dos outros. Brilhante e esforçado nos estudos, poderia ter usado o seu talento em benefício próprio, e mesmo com toda a discriminação que os negros norte-americanos sofriam, seria bem-sucedido pessoalmente.

No entanto, a vida de Martin Luther King Jr. não lhe pertencia. Nem mesmo à sua esposa e aos quatro filhos – Yolanda, Martin III, Dexter e Bernice –, mas à causa dos direitos civis dos negros norte-americanos.

Por isso, quando a Suprema Corte dos Estados Unidos declarou que as leis de segregação de Montgomery eram inconstitucionais, no dia 13 de novembro de 1956, consumou-se um ideal alimentado desde a juventude.

Os acontecimentos em Montgomery projetaram a liderança de Martin Luther King Jr. e suas ideias de *não violência*, mostrando ao mundo que uma situação de injustiça pode ser resolvida sem o uso de meios violentos. E mostrou, principalmente, que a verdadeira força está na solidariedade e na união por um ideal.

O sonho de liberdade de Martin Luther King Jr. não dizia respeito apenas ao povo negro – mesmo que eles fossem as maiores vítimas –, mas a todo homem que acreditava que o mundo deveria ser melhor e mais justo.

Porém, como a justiça poderia triunfar se a cor da pele decretava o grau de superioridade ou inferioridade de um homem?

Essa situação só interessava aos medíocres, e a mediocridade deve ser combatida por todos, independentemente de cor ou credo.

Nivelar um homem de acordo com sua raça seria o mesmo que condená-lo a uma situação em que nenhum esforço para melhorar seria recompensado: certamente ele perderia – estava decidido, antes mesmo do início do jogo.

Martin Luther King Jr. sonhou e ousou lutar por um sonho.

A força de sua crença contagiou negros e brancos, e foi pelo exemplo de vida, pela retidão do caráter, que ele mostrou como fazer com que o sonho se transformasse em realidade.

Martin Luther King Jr. colocou a liberdade acima das diferenças raciais, e em várias partes do mundo, os homens sensíveis e amantes da justiça identificaram-se com ela, formando uma corrente dinâmica que foi capaz de romper com séculos de escravidão.

Martin Luther King Jr. transformou-se em porta-voz dos oprimidos, e por sua luta incessante foi escolhido duas vezes o "Homem do Ano" pela revista *Time*.

No dia 14 de outubro de 1964, no mesmo ano no qual os Estados Unidos passaram a bombardear o Vietnã,****** Martin Luther King Jr. ganhou, aos 35 anos, o Prêmio Nobel da Paz – o mais jovem ganhador, e o segundo negro norte-americano a receber a distinção.

No discurso que fez ao receber o prêmio, ele demonstrou que era um homem excepcional: não guardava rancor, e sua guerra era contra a injustiça, não contra os homens.

"Quando os anos tiverem se passado e a resplandecente luz da verdade focalizar essa era magnífica em que vivemos, homens e mulheres saberão, e as crianças irão aprender, que temos uma terra mais justa, um povo melhor, uma civilização mais nobre – porque esses humildes servos de Deus se dispuseram a sofrer em nome da retidão."

E finalizou seu discurso, emocionado, citando um velho escravo: *"Não somos o que devemos ser, não somos o que queremos ser, não somos o que seremos. Mas graças a Deus, não somos mais o que éramos".*

Depois que a semente é lançada não há meios de impedir o seu crescimento. É uma questão de tempo. Martin Luther King Jr. incorporou a fé à sua causa, por isso não havia mais a separação entre o homem e a fé: ele era a própria fé vivente.

Alguém que está acima das mesquinharias humanas é alguém especial, a ponto de não temer pela própria vida.

Algumas vezes, Martin Luther King Jr. foi preso injustamente, sua casa sofreu atentados, ele próprio foi agredido fisicamente, obrigando sua esposa a pedir a intervenção do presidente John Kennedy – presidente norte-americano, que por meio de um telefonema, procurou tranquilizá-la.

Porém, nem mesmo com toda a honraria e reconhecimento público, os dias de ira e trevas deixaram de fazer parte da vida dos negros norte-americanos.

No dia 14 de fevereiro de 1965, em Nova York, a casa de Malcolm X sofreu um atentado, mas sua mulher e os seis filhos sobreviveram. Duas semanas depois, em outro atentado, Malcolm X acabou morto enquanto discursava no Audubon Ballroom, no Harlem.

Naquele mesmo ano, num domingo de manhã, uma bomba explodiu numa igreja de negros, e quatro meninas morreram enquanto rezavam. Além disso, dois jovens negros foram assassinados numa emboscada.

Esses episódios eram um alerta do que poderia acontecer com o próprio Martin Luther King Jr. e seu sonho de igualdade.

Pregando amor, respeito e a não violência, ele foi assassinado. Tornou-se um mártir. Sua morte deu sentido à vida

de muitas pessoas que, independentemente da cor da pele, compreenderam que estava na hora de dar um basta numa situação injusta.
Os tiros que Martin Luther King Jr. recebeu naquele fim de tarde em Memphis reverberaram na consciência do povo norte-americano. A insanidade precisava ser erradicada. O preconceito não tinha lógica. Um homem corajoso, que lutou pela liberdade acreditando no amor entre os homens, foi atingido por um covarde.
Martin Luther King Jr. tornou-se um ícone no dia em que as balas entraram em seu corpo e o espírito finalmente viu-se livre.
Quem morreu? A intolerância.
Quem venceu? Todos venceram, e Martin Luther King Jr. venceu até mesmo a morte.

# Eu tenho um sonho

Um marco na luta pelos direitos civis é o dia 28 de agosto de 1963, quando ocorreu *A Marcha para Washington*, a maior manifestação já realizada na capital norte-americana, com mais de 300 mil pessoas, entre brancos, negros, estudantes, donas de casa, agricultores, cantores, que vieram em caravana do Norte, Sul, Leste e Oeste do país, se reuniram na ladeira do Monumento de Washington e seguiram até o Memorial Lincoln.

Diante da estátua de Abraham Lincoln, Martin Luther King proferiu seu célebre discurso, *Eu tenho um sonho*:

"Há cem anos, um grande americano, cuja sombra simbólica aqui se projeta sobre nós, assinou a Proclamação de Emancipação. Esse importante decreto veio como um grande farol de esperança para milhões de escravos negros que haviam se consumido nas chamas da injustiça. Chegou como uma alvorada para encerrar a longa noite de seus cativeiros.

Porém, passados cem anos, o negro ainda não é livre. Cem anos depois, a vida do negro ainda é tristemente invalidada pelos grilhões da segregação e cadeias da discriminação. Cem anos depois, o negro vive em uma ilha só de pobreza no meio de um vasto oceano de prosperidade material. Cem anos depois, o negro ainda adoece nos cantos da sociedade americana e se encontra exilado em sua própria terra. Assim, nós viemos aqui hoje para discutir essa vergonhosa condição.

De certo modo, nós viemos à capital de nossa nação para cobrar um cheque. Quando os arquitetos de nossa república escreveram as magníficas palavras da Constituição e da Declaração da Independência, eles estavam assinando uma nota promissória para a qual todo americano seria seu herdeiro. Essa nota era uma promessa que todos os homens, sim, os homens negros, como também os homens brancos, teriam garantidos os direitos inalienáveis de vida, liberdade e a busca da felicidade.

Hoje é óbvio que aquela América não pagou essa nota promissória. Em vez de honrar aquela obrigação sagrada, a América deu para o povo negro um cheque sem fundo, um cheque que voltou marcado com "fundos insuficientes". Mas nós nos recusamos a acreditar que o banco da justiça é falível. Nós nos recusamos a acreditar que há capitais insuficientes de oportunidade nesta nação. Assim, nós viemos trocar esse cheque, um cheque que nos dará o direito de reclamar as riquezas de liberdade e a segurança da justiça.

Nós também viemos para recordar a América dessa cruel urgência. Este não é o momento para descansar no luxo refrescante ou tomar o remédio tranquilizante do gradualismo.

*Agora* é o tempo para transformar em realidade as promessas de democracia. *Agora* é o tempo para subir do vale das trevas da segregação para o caminho iluminado pelo sol da justiça racial. *Agora* é o tempo de erguer nossa nação das areias movediças da injustiça racial para a pedra sólida da fraternidade. *Agora* é o tempo de fazer da justiça uma realidade para todos os filhos de Deus.

Seria fatal para a nação negligenciar a urgência desse momento. Este verão sufocante do legítimo descontentamento dos negros não passará até alcançarmos um renovador outono de liberdade e igualdade. Este ano de 1963 não é um fim, mas um começo. Os que consideram que o negro agora estará satisfeito, terão um violento despertar da nação se as coisas ficarem como antes.

Contudo, há algo que eu tenho que dizer ao meu povo que se dirige ao portal que conduz ao palácio da justiça. No processo de conquistar nosso legítimo direito, nós não devemos ser culpados de ações de injustiças. Não vamos saciar nossa sede de liberdade bebendo da xícara da amargura e do ódio. Temos que encaminhar nossa luta num alto nível de dignidade e disciplina. Nós não devemos permitir que nosso criativo protesto se degenere em violência física. Temos que subir incansavelmente às majestosas alturas da reunião da força física com a força de alma. Nossa nova e maravilhosa combatividade mostrou à comunidade negra que não devemos ter uma desconfiança para com todas as pessoas brancas, pois muitos de nossos irmãos brancos, como comprovamos pela presença deles aqui hoje, compreenderam que o destino deles está unido ao nosso destino. Perceberam

# Eu tenho um sonho

que a liberdade deles está indissoluvelmente ligada à nossa liberdade. Nós não podemos caminhar sós.

E enquanto caminhamos, temos que fazer a promessa de que sempre marcharemos à frente. Nós não podemos retroceder. Há os que ficam perguntando para os defensores dos direitos civis: "Quando vocês estarão satisfeitos?". Nós nunca estaremos satisfeitos enquanto o negro for vítima dos horrores inomináveis da brutalidade policial. Nós nunca estaremos satisfeitos enquanto nossos corpos, pesados com a fadiga da viagem, não puderem ter hospedagem nos motéis das estradas e nos hotéis das cidades. Nós não estaremos satisfeitos enquanto um negro não puder votar no Mississipi e um negro em Nova York acreditar que ele não tem motivo para votar. Não, não, nós não estamos satisfeitos e não estaremos satisfeitos até que a justiça e a retidão rolem como águas de uma poderosa correnteza.

Eu não esqueci que alguns de você vieram até aqui após grandes testes e sofrimentos. Alguns de você vieram recentemente de celas estreitas das prisões. Alguns de vocês vieram de áreas onde sua busca pela liberdade lhes deixaram marcas pelas tempestades das perseguições e pelos ventos da violência policial. Vocês são os veteranos do sofrimento. Continuem trabalhando com a fé que sofrimento imerecido é redentor.

Retornem para o Mississippi, retornem para o Alabama, retornem para a Carolina do Sul, retornem para a Geórgia, retornem para a Louisiana, retornem para as ruas sujas e guetos de nossas cidades do Norte, sabendo que de alguma maneira essa situação pode e será mudada. Não se deixem cair no vale de desespero.

Eu digo a você hoje, meus amigos, que embora nós enfrentemos as dificuldades de hoje e amanhã, eu ainda tenho um sonho. É um sonho profundamente enraizado no sonho americano.

Eu tenho um sonho de que um dia esta nação se levantará e viverá o verdadeiro significado de sua crença: "Nós celebraremos essas verdades e elas serão claras para todos: que os homens são criados iguais".

Eu tenho um sonho de que um dia, nas colinas vermelhas da Geórgia, os filhos dos descendentes de escravos e os filhos dos descendentes dos donos de escravos poderão se sentar juntos à mesa da fraternidade.

Eu tenho um sonho de que um dia, até mesmo o estado de Mississippi, um lugar que transpira com o calor da injustiça, que transpira com o calor da opressão, será transformado em um oásis de liberdade e justiça.

Eu tenho um sonho de que minhas quatro pequenas crianças vão um dia viver em uma nação onde elas não serão julgadas pela cor da pele, mas pelo conteúdo de seu caráter.

Hoje eu tenho um sonho.

Eu tenho um sonho que um dia, no Alabama, com seus racistas maledicentes, com seu governador que tem os lábios gotejando palavras de intervenção e negação, nesse justo dia, no Alabama, meninas e meninos negros poderão unir as mãos com meninas e meninos brancos como irmãs e irmãos.

Hoje eu tenho um sonho.

Eu tenho um sonho que um dia todo vale será exaltado, e todas as colinas e montanhas virão abaixo, os lugares ásperos serão aplainados e os lugares tortuosos serão endireitados, e a glória do Senhor será revelada e toda a carne estará unida. Essa é a nossa esperança. Essa é a fé com que regressarei para o Sul. Com essa fé nós poderemos cortar da montanha do desespero uma pedra de esperança. Com essa fé nós poderemos transformar as discórdias estridentes de nossa nação em uma bela sinfonia de fraternidade. Com essa fé nós poderemos trabalhar juntos, rezar juntos, lutar juntos e, até mesmo, ir preso juntos em defesa da liberdade. Mas certamente um dia seremos livres.

Esse será o dia, esse será o dia quando todas as crianças de Deus poderão cantar uma melodia com um novo significado. "Meu país, doce terra de liberdade, eu te canto. Terra onde meus pais morreram, terra do orgulho dos peregrinos. De qualquer lado da montanha, ouço o sino da liberdade."

E se a América é uma grande nação, isso tem que se tornar realidade. E desse modo ouvirei o sino da liberdade no extraordinário topo da montanha de New Hampshire. Ouvirei o sino da liberdade nas poderosas montanhas de Nova York. Ouvirei o sino da liberdade nos engrandecidos Alleghenies da Pensilvânia!

Ouvirei o sino da liberdade nas montanhas cobertas de neve do Colorado! Ouvirei o sino da liberdade nas ladeiras curvas da Califórnia! Mas não é só isso. Ouvirei o sino da liberdade na Montanha de Pedra da Geórgia! Ouvirei o sino da liberdade na Montanha da Vigilância do Tennessee! Ouvirei o sino da liberdade em todas as colinas do Mississipi! Em todas as montanhas escutaremos o soar do sino da liberdade.

E no momento em que isso acontecer, quando nós permitirmos o soar do sino da liberdade, quando nós deixarmos ele retinir em toda moradia e todo vilarejo, em todo estado e em toda cidade, nós poderemos celebrar aquele dia em que todas as crianças de Deus, homens negros e homens brancos, judeus e gentios, protestantes e católicos, poderão unir as mãos e cantar nas palavras do velho spiritual negro: "Livre, afinal, livre, afinal. Agradeço ao Deus Todo-Poderoso, nós somos livres, afinal!".

# NOTAS

### Em nome da liberdade

\* Harriet Tubman foi a mais famosa abolicionista mulher nos Estados Unidos. Nascida escrava em 1821, conseguiu fugir em 1849, tornando-se uma militante na luta contra a escravidão. Ela ia e voltava para os estados do Sul, ajudando escravos a fugir para o Norte ou para o Canadá. Conseguiu salvar mais de 300 escravos. Apesar das quantias cada vez maiores oferecidas pela sua captura, nunca foi presa e jamais perdeu um "passageiro", como chamava os escravos que levava para a liberdade, sem nunca pedir nada em troca. Durante a Guerra Civil, transformou-se numa espiã atrás das linhas Confederadas, a serviço dos estados do Norte.

\*\* Douglass foi considerado o maior abolicionista negro antes de Martin Luther King Jr. Como Tubman, nasceu escravo em 1817, e aprendeu a ler e a escrever graças à mulher de seu dono. Para fugir, forjou seu próprio salvo-conduto e embarcou-se num navio. Em 1851, fundou uma gazeta antiescravagista. Durante a Guerra Civil, lutou para que os negros fossem admitidos no exército Nortista. Douglass sustentava a necessidade da ação política direta, e até da violência, se necessário, para alcançar o fim da libertação dos negros. Sua autobiografia, *The life and times of Frederick Douglass* (*A vida e a época de Frederick Douglass*) tornou-se o texto mais popular entre os ativistas negros.

\*\*\* Henry David Thoreau (1817-1862): filósofo norte-americano que defendia o individualismo irrestrito e a busca de cada um do seu próprio caminho. Em 1845 decidiu morar sozinho numa cabana construída por ele mesmo às margens do lago Walden, em meio à floresta de Concord, durante dois anos. Em 1846 foi preso por se negar a pagar impostos a um Estado "que mantinha a escravidão e sustentava uma guerra contra o México", passou uma noite na prisão e logo foi solto. Em 1849 publicou *Desobediência civil*, no qual conta sua experiência na prisão e afirma: "Aceito com entusiasmo o lema 'O melhor governo é o que menos governa', e gostaria que ele fosse aplicado mais rápida e sistematicamente. Levado às últimas consequências, este lema significa o seguinte: 'O melhor governo é o que não governa de modo algum'; e quando os homens estiverem preparados, será esse o tipo de governo que terão".

A vida na floresta de Concord foi narrada no livro *Walden* (1854), sua obra mais famosa e um marco da consciência ecológica. Tornou-se conferencista engajado contra a escravidão e ajudou diversos escravos a conseguir a liberdade. Seu exemplo inspirou vários líderes pacifistas no século XX, como o escritor Tolstoi e o político Gandhi. Pouco antes de morrer lançou *Caminhando* (1862), enquanto *Journals* (Diário) foi publicado em 12 volumes, em 1906.

## Malcolm X e Gandhi: diferentes visões para a libertação

**\*\*\*\*** Malcolm X (1925-1965). Ativista negro norte-americano. Participou do movimento *Black Power* (Poder Negro) nos anos 60 como membro do grupo *Nation of Islam* (Nação do Islã), liderado por Elijah Muhammad, que pregava a separação total dos negros muçulmanos da sociedade branca. Foi um período de intensos conflitos raciais, apesar da postura pacifista defendida por Martin Luther King Jr.: o radicalismo da parte de brancos e negros fez com que a violência explodisse, depois de vários atentados contra líderes do movimento pelos direitos civis. Ao converter-se ao islamismo, em 1952, Malcolm trocou o sobrenome de batismo, que considerava herança da escravidão ("Little" significa "pequeno" em inglês), pela letra "X", que representava o nome tribal perdido em sua origem africana. Sua capacidade oratória atraiu grande número de adeptos, ampliando de 500 para 30 mil os membros da Nação do Islã em 1963. Nesse momento, as divergências com Muhammad ficaram evidentes, sobretudo depois do assassinato do presidente Kennedy (1917-1963), quando foi obrigado a silenciar por 90 dias. Em 1964 Malcolm resolve, então, fundar seu próprio grupo, denominado *Muslim Mosque* (Mesquita Muçulmana), provocando uma rivalidade explícita com seu líder anterior. Sucessivos atentados contra Malcolm finalmente obtiveram êxito em 14 de fevereiro de 1965, depois que uma bomba incendiária o feriu, provocando sua morte em cinco dias. Além do ódio dos brancos, os negros norte-americanos também tiveram de enfrentar a divisão interna na luta contra a discriminação oficial do governo dos Estados Unidos. Esse encontro, quando jovens, entre Martin Luther King Jr. e o futuro Malcolm X é ficcional, mas esclarece bastante a colocação do problema racial por ambos, e parte das razões do radicalismo de Malcolm X.

**\*\*\*\*\*** Mohandas Gandhi, chamado de Mahatma ("grande alma") (1869 – 1948). Líder pacifista indiano e principal personalidade da independência da Índia, formou-se em direito em Londres e foi para a África do Sul, então colônia britânica, onde iniciou o movimento pacifista, lutando pelos direitos dos hindus. Voltou para a Índia em 1914, difundindo seu movimento, cujo método principal era a resistência passiva e a não violência como forma de luta, recusando qualquer colaboração com o domínio britânico. Em 1922 organizou uma greve contra o aumento de impostos, na qual uma multidão queima um posto policial. Detido, declarou-se culpado e foi condenado a seis anos, mas saiu da prisão em 1924. Em 1930 liderou a marcha para o mar, quando milhares de pessoas andaram mais de 320 quilômetros a pé para protestar contra os impostos sobre o sal. Em 1947, quando é proclamada a independência da Índia, Gandhi tenta evitar a luta entre hindus e muçulmanos, que estabelecem um Estado separado, o Paquistão. Sua aceitação da divisão do país atrai o ódio dos nacionalistas hindus, e um deles o mata no ano seguinte. Gandhi foi um dos grandes homens do século XX, admirado por Einstein e por muitos outros homens célebres. Martin Luther King Jr. inspirou-se bastante nele.

## Vietnã: uma guerra sangrenta

****** A região do atual Vietnã foi parte da Indochina, colônia francesa desde o final do século XVIII. O processo de descolonização se deu após a Segunda Guerra Mundial, a partir de violenta luta envolvendo as tropas francesas e os guerrilheiros do *Viet Minh* (Liga para a Independência do Vietnã), vinculada ao Partido Comunista, que por sua vez havia sido fundado em 1930 por Ho Chi Minh.

O movimento guerrilheiro travou suas primeiras lutas em 1941, durante a Segunda Guerra Mundial, contra o domínio japonês, e manteve a luta contra a França, quando esta, após o final da Grande Guerra, tentou recuperar seu domínio a partir dos bombardeios promovidos sobre a Região Norte do Vietnã. De 1946 a 1954 desenvolveu-se a Guerra da Indochina, na qual os norte-vietnamitas, liderados pelo *Viet Minh* e com o apoio da China, derrotaram os franceses, obrigando Paris a aceitar a independência.

*Ho Chi Minh*

A Conferência de Genebra (1954) reconheceu a independência do Laos, Camboja e do Vietnã, dividido em dois pelo paralelo 17: ao Norte formou-se a República Democrática do Vietnã, pró-soviética, e ao Sul formou-se a República do Vietnã, pró-ocidental, determinando ainda que em 1956 realizar-se-ia um plebiscito para promover a unificação do país. Em 1955, o primeiro-ministro Ngo Dinh Diem liderou um golpe militar que depôs a monarquia e organizou uma república ditatorial, que recebeu apoio norte-americano, executando principalmente uma política repressiva, desdobramento da Doutrina Truman, que se preocupava em conter a expansão socialista.

A violenta política repressiva, associada aos gastos militares e à estagnação da economia, fez com que surgissem os movimentos de oposição, destacando-se a Frente de Libertação Nacional e seu braço armado, o exército *vietcong*. A força do movimento guerrilheiro contra o governo capitalista determinou a entrada dos Estados Unidos na guerra, enviando dez mil conselheiros militares para o Vietnã do Sul. Em princípio, a Guerra do Vietnã restringiu-se ao Sul, no confronto entre os *vietcong* e as tropas governamentais apoiadas pelos Estados Unidos. Somente em 1964, sob o pretexto de ataques a embarcações norte-americanas no Golfo de Tonquim, é que os Estados Unidos passaram a bombardear o Vietnã do Norte, fazendo com que a guerra atingisse diretamente esse país, que até então ajudava os *vietcong* no Sul com alimentos e armas.

Um dos principais momentos da guerra ocorreu em 1968, quando tropas do norte e dos *vietcong* desfecharam a Ofensiva do Tet, comandada pelo General Giap, alcançando Saigon (capital do Sul) e outras cidades importantes, impondo sérias derrotas aos norte-americanos.

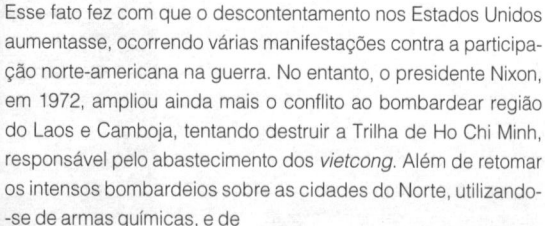

Esse fato fez com que o descontentamento nos Estados Unidos aumentasse, ocorrendo várias manifestações contra a participação norte-americana na guerra. No entanto, o presidente Nixon, em 1972, ampliou ainda mais o conflito ao bombardear região do Laos e Camboja, tentando destruir a Trilha de Ho Chi Minh, responsável pelo abastecimento dos *vietcong*. Além de retomar os intensos bombardeios sobre as cidades do Norte, utilizando-se de armas químicas, e de bloquear os portos, tanto o Norte como os guerrilheiros mantiveram-se em luta, desgastando o exército norte-americano, forçando o governo a aceitar o Acordo de Paris.

A saída dos Estados Unidos da guerra, em 1973, fez com que o conflito seguisse de forma localizada, envolvendo as forças de resistência do Vietnã do Sul, que mantiveram-se em luta até 1975, quando o governo de Saigon se rendeu.